KB161402

보이지 않는 건축,
움직이는 도시

보이지 않는 건축, 움직이는 도시
승효상 지음

2016년 10월 10일 초판 1쇄 발행
2022년 1월 10일 초판 8쇄 발행

펴낸이 한철희 펴낸곳 돌베개 등록 1979년 8월 25일 제406-2003-000018호
주소 (10881) 경기도 파주시 회동길 77-20 (문발동)
전화 (031) 955-5020 팩스 (031) 955-5050
홈페이지 www.dolbegae.co.kr 전자우편 book@dolbegae.co.kr
블로그 blog.naver.com/imdol79 트위터 @Dolbegae79 페이스북 /dolbegae

주간 김수한
책임편집 김서연
디자인 디자인비따
마케팅 심찬식·고운성·조원형 제작·관리 윤국중·이수민
인쇄·제본 한영문화사

ⓒ승효상
ISBN 978-89-7199-750-5 03610

이 도서의 국립중앙도서관 출판예정도서목록(CIP)은 서지정보유통지원시스템 홈페이지(http://seoji.nl.go.kr)와 국가자료공동목록시스템(http://www.nl.go.kr/kolisnet)에서 이용하실 수 있습니다.(CIP제어번호: CIP2016023113)

책값은 뒤표지에 있습니다.

도시와 건축을 성찰하다

보이지 않는 건축,
움직이는 도시

돌베개

말이 말 같지 않은 시대에 산다는 걸 안다. 언어가 파편으로
날아와 부서지고 글은 장식이 되어 진실에서 멀리 떠난 이 시
대…… 이 파국에 이 책까지 덧대어 허무를 가중시키는 것 아
닐까 하는 두려움에 글을 만지작만지작거렸다.

　　이 책의 내용은 『경향신문』에 2014년과 2015년 2년 동안
'보이지 않는 건축, 움직이는 도시'라는 제하의 칼럼으로 연재
한 글과, 『중앙일보』에 간간이 기고한 글을 모아 지금의 입장
에서 다시 정리한 것이다.

　　시사성을 떠날 수 없는 신문에 게재한 글이니 지금 시점
에서 이를 다시 들추는 일이 부자연스러울 수밖에 없어 또 망
설였다. 그나마 위로받은 것은 대부분의 글이 기반으로 삼은
생각이 있음을 겨우 발견할 수 있어서인데, '공공성'이다. 이
기반이 튼튼하지 못한 사회는 독선과 전제, 이기와 편향, 분열
과 파편으로 흐를 수밖에 없으며 그러한 공동체는 위험하다.
아마도 여기에 저항하느라 애쓴 흔적이 이 글들이겠지만, 때
로는 과도한 주장으로 행간을 메운 듯하여 또 민망하다.

그 민망함을 무릅쓰고 글을 쓰는 동안 나를 가다듬게 한 이들이 있다. 내가 아는 한, 건축과 도시가 가져야 하는 공공적 가치에 대해 누구보다도 많은 관심을 가지고 실천한 건축가이며 우리 시대의 지식인이었다. 지금도 왕성한 활동을 할 수 있을 나이이건만 홀연히 우리 곁을 떠난 이들.

장세양張世洋(1947~1996), 정기용鄭奇鎔(1945~2011), 이종호李鍾昊(1957~2014), 그리고 김석철金錫澈(1943~2016).

너무도 그리운 이분들에게 이 책을 바친다.

차례

경계 밖으로
스스로를
추방하는 자

"지식인은 경계 밖으로 끊임없이 스스로를 추방해야 하는 자다. … 그는 애국적 민족주의와 집단적 사고, 계급과 인종에 관한 의식, 성적인 특권에 의문을 제기하는 사람이다. … 관습적인 논리에 반응하지 않되 모험적인 용기의 대담성과 변화의 표현을 지향하고, 가만히 멈춰 있는 것이 아니라 움직이며 나아가는 것에 반응하는 자다."

『오리엔탈리즘』Orientalism(1978)이라는 책을 통하여 서양이 오랜 세월 지닌 제국주의적 편견을 날카롭게 비판한 지식인인 팔레스타인계 미국인 에드워드 사이드Edward Said(1935~2003). 그가 1993년 BBC의 리스Leith 강좌에서 강의한 내용들을 모아서 『지식인의 표상』Representations of Intellectual(1996)이란 제목으로 출간한 책의 이 문장들을 읽는 순간, 나는 그때 김수근 건축이라는 견고한 영역에서 이탈하여 내 건축의 정체성을 찾아 검은 밤바다의 선원처럼 분투하고 있었으므로, 그리고 어서 기댈 곳을 찾고자 이 집단 저 부류의 세계들을 연신 기웃거리고 있었으므로, 내 초라한 행색을 준열하게 꾸짖는 듯한 이 글에 궤멸당하듯 전율하였다. 경계 밖으로 스스로를 추방하는 자라니…….

건축가는 자기 집이 아니라 다른 이들의 집을 지어주는 일을 고유 직능으로 한다. 그 직능은 다른 이들의 삶에 대한 애정과 존경을 바탕으로 끊임없는 사색과 성찰을 수반해야 한다. 그래서 스스로를 타자화하고 객관화하는 일이 무엇보다 중요하다. 예컨대 건축가가 설계 작업에서 거의 첫 번째로 그리는 도면인 평면도는 집을 중간 높이에서 수평면으로 잘라서 보는 그림인데, 이 그림의 실체를 보기 위해서는 시점을 무한대의 높이로 올려야 한다. 무려 신적 위치에 도달해야 하는 일이니, 이는 남이 사는 모습을 객관적 위치에서 보며 그 사는 방법을 조직하는 것이 평면도를 그리는 일이라는 뜻이어서, 도면을 그리는 건축가는 스스로를 세상의 경계 밖으로 내몰지 않을 수 없다는 것이다.

게다가 건축가의 직능이란 게 항상 새로운 상황과 만나면서 시작되는 일이다. 새로운 건축주와 만나고, 새롭게 삶을 시작하는 사용자와 만나며, 새 땅과 만난다. 그런데, 여기에 자기가 가지고 있는 타성과 관습의 도구를 꺼내어 종래의 삶을 재현한다? 이건 건축이 아니다. 그냥 관성적 제품이며, 그래서 새 삶을 살고자 하는 이들의 소망을 배반하는 일이 되며, 어쩌면 세상에 하나밖에 없는 그 땅을 범하는 일이 되고 만다. 그러니 건축가는 늘 새로움에 반응하고 스스로를 변화시킬 수밖에 없으며, 경계 안에 머문다는 것은 그 소임을 파기하는 일과 같다.

자발적 추방자의 삶, 물론 건축가에게만 해당되는 일이 아니다. 우리 사회를 좀 더 밝게 진보시킨 모든 이의 일관된 삶의 태도였다. 예컨대 예수가 대표적이다. 스스로를 광야로 추방하여 유대교의 관습을 비판하고 로마총독의 권위를 따르지 아니했으며 소외된 자들과 약한 자들을 껴안고 사랑과 평화를 전하다가 모든 이가 그를 메시아로 추앙할 때, 다시 스스로를 십자가에 못 박아 불멸의 고독으로 추방하고 말았다.

석가모니도 마찬가지다. 왕궁 밖의 자발적 추방자가 되어 제도적인 욕망에 묶여 있는 이들을 향해서 스스로 번뇌를 끊으라고 했다. 해탈이란 그렇게 추방되어서 얻는 자유일 게다. 수없이 많다. 우리를 진보시키고 우리의 삶을 속박에서 자유^{自由}하게 한 이들 모두가 그런 우직한 삶의 태도를 갈망한 까닭이다. 그런데, 의문이 있다. 그런 이들은 늘 확신에 차 있었을까?

사무엘 베케트^{Samuel Barclay Beckett(1906~1989)}의 연극 〈고도를 기다리며〉를 1961년 파리 오데옹극장에서 상연했을 때의 무대 디자인은 지금도 이 연극을 공연할 때마다 모방된다. 앙상한 나무 한 그루, 초라한 의자가 전부인 이 가난한 풍경은 조각가 자코메티^{Alberto Giacometti(1901~1966)}의 작품이었다. 베케트와 자코메티. 이 위대한 두 작가가 가진 창작의 근원을 비교하며 쓴 책 『공허 속에서의 대화』^{Dialogue in the Void(매티 메지드Matti Megged 지음. 1985)}에서는, 두 사람이 공유하고 있는 강박관념을 적시하고 이들 작업의 바탕은 '불안'이라고 결론을 내린다. 다른 어느 누구도 마지막 결정에 대해 책임질 수 없다는 것을 너무도 잘 아는 이들이, 실패에 대한 두려움으로 늘 번민하고 주저한 끝에 결국은 자포자기하여 만들어진 게 그들의 위대한 작품이라는 것이다. 그래서 자코메티의 조각은 늘 비어 있고, 시

1961년 파리 오데옹극장에서 상연한 〈고도를 기다리며〉. 자코메티가 만든 무대.

시때때로 거리로 나와 그 비워진 부분을 거리의 풍경으로 채운다. 그리고 그 사이에 조성된 팽팽한 긴장이 강력한 힘을 분출시킨다.

그렇다. 나에게 설계를 맡기면 좋은 삶을 살게 될 것이라고 확신하듯 설명하는 나지만, 사실 자코메티와 베케트의 불안이 나의 내면에도 가득 차 있다는 것을 고백하지 않을 수 없다. 혹시, 내가 잘못 판단하여 선을 잘못 그어서 그 속에 거주하는 이들이 나쁜 삶을 살게 되지는 않을까, 그래서 내가 건축을 아니함만 못하게 되는 것 아닐까, 늘 초조하고 불안한 것이다. 그 까닭일까? 대개 건축하는 이들은 늘 소심하고 주저한다. 마감 시간에 쫓기며 밤새우는 일을 밥 먹듯 하는 게 그 증좌다. 그래서 그 불안을 해소하기 위해 기댈 집단과 제도를 기웃거리고 한패가 되는 일에서 멀어지지 않으려 한다면, 그렇게 되면 건축가 고유의 직능을 포기하는 일과 다름이 아니다. 그래서 나는 이러지도 저러지도 못한다.

오늘날의 우리 사회에 혁신을 일으킨 스티브 잡스^{Steve Jobs} ^(1955~2011). 잡스가 스탠퍼드대학교에서 행한 연설의 한 문장은 그가 일군 업적만큼 강렬하였다. "갈망하라, 그리고 우직하라."^{Stay hungry, Stay foolish} 그는 그렇게 살았다. 잡스의 말을 이렇게 바꿔도 될까? 'Stay out, Stay alone.' 바깥에서 머무르며 홀로 됨을 즐기는 삶, 이게 진정한 지식인의 태도이며 적어도 바른 건축가가 사는 방법일 게다.

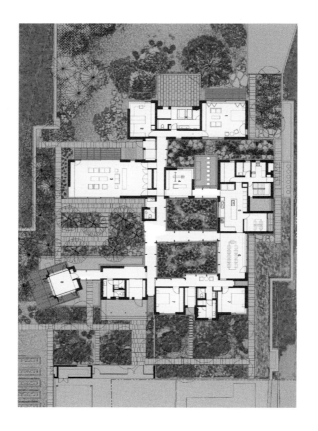

논산주택 평면도(2016). 건축도면 중 가장 핵심적 도면인 평면도는 거주할 이들의 삶을 위한 극본이며 기록이라 할 수 있다. 여기 표현된 모든 공간은 거주인의 특징과 정서, 거주인 간의 관계 등을 고려하여 크기와 위치를 설정하고 연결했다. 출입문을 열고 들어오는 이가 만나게 되는 첫 번째 장면을 결정하고 그렸으며, 각 방에 가기까지 지나고 만나는 공간의 구조와 장면에 대해 상상하고 그 조우의 풍경들을 기록해놓았다. 심지어 이곳저곳에서 들리는 소리와 스미는 향기까지 고의로 만들거나 배열하고 혹은 여과했다. 집에 흐르는 평화와 안정, 사유와 창조를 위해 수없이 많은 경우를 빼놓지 않고 그리려 하지만, 더러는 예측할 수 없는 부분도 있을 수밖에 없어 그를 위한 여지도 남긴다. 무수히 많은 시행착오를 거듭하며 만드는 평면도는 거주인을 향한 존경과 애정을 바탕으로 그려진다. 그들의 삶이 결국 이 평면도로 좌우될 수밖에 없기 때문이다. 따라서 고귀한 우리 삶의 조직을 표현한 평면도를 보는 일은 한 편의 장대한 대하소설을 읽는 일과 같다.

에드워드 사이드는 그 같은 삶을 사는 이들의 운명에 대해 다시 이렇게 설명했다. "지식인은 … 단도직입적이고 직접적으로 말한다. 그러한 말들로 인해 높은 지위에 있는 친구를 사귈 수 없고, 공적인 명예를 얻지도 못하며, 이러한 현실을 벗어나고자 탈출할 수도 없다. 이것은 고독한 상황이다."

　　그렇게 되면, "깊은 겨울밤 사나운 눈보라가 오두막 주위에 휘몰아치고 모든 것을 뒤덮는 때"일지도 모른다. 그때야말로 "철학을 할 시간"이라고 하이데거Martin Heidegger(1889~1976)가 말했던가······.

한
건축가의
죽음

성경에 따르면 예수는 33년의 삶을 살았다. 그런데, 그가 서른 살 즈음 광야로 나간 이후 3년간 메시아로서의 삶은 자세히 기술되어 있는 반면에, 그 이전 30년간 삶의 기록은 거의 찾을 수 없다. 베들레헴에서 태어났다는 것과 나사렛에서 자랐고 어릴 적 예루살렘에 가서 종교 지도자들과 이야기를 나눴다는 것이 전부다.

2,000여 년 전의 서른 살이라는 나이는 그 당시의 사회적 정황을 미루어볼 때 한 인간으로서 이미 완성된 시기 아닌가. 요즘으로 치면 거의 사오십을 넘는 나이일 게니 세상世上적으로 말하면 일가를 이룬 때다. 그러니 그때까지 직업 없이 산다는 것은 생각하기 어렵다. 성경에 기록되기로는 예수의 부친인 요셉의 직업은 목수다. 쉽게 추측하면 아버지 일을 도왔을 개연성이 짙어서 예수도 목수라고 했다. 내 어릴 적 크리스마스 때 교회에서 성극聖劇을 하면 예수의 집 안을 목공소로 꾸며 무대를 만들기도 했다. 모두들 그렇게 알고 지내왔다.

그러나 내가 건축을 하고부터 이 사실에 대해서 차츰 의심이 들기 시작했다. 나사렛이나 이스라엘은 목수라는 직업이 있을 만큼 나무가 많은 땅이 아니다. 메마른 땅에 감람나무 같은 왜소한 나무가 주종을 이루며 근근이 서 있을 뿐이다. 솔로몬이 예루살렘 성전을 지을 때에 레바논이나 외지에서 나무를 수입했다고 성경에 쓰여 있을 정도로 목재가 아주 귀하다.

그 대신에 석회암은 이스라엘 온 땅에 널려 있어 집은 돌을 쌓아 짓는 게 보편적이었으니 이스라엘에서 석공이라면 모를까 목수라는 직업은 생소할 수밖에 없다. 왜 그렇게 기록되었을까? 나중에 알고 보니 번역 착오였다.

성경은 원래 이스라엘 고유 언어였던 아람어나 그리스어로 쓰였다. 그리스어 성경 원전에 따르면 요셉의 직업은 '텍톤'tektōn이라고 한다. 텍톤. 어떤 형상을 짜고 구축하는 일이라는 뜻의 이 단어는 바로 건축가의 영어인 'architect'에 쓰였다. 'arch'라는 접두사는 으뜸이라는 뜻이니, 으뜸이 되는 텍톤은 집을 짓는 자라는 의미이며 곧 건축가라는 말과 연관된다. 건축가라는 뜻의 'architect'에 정관사를 붙여 'the Architect'라고 하면 조물주 하나님이라고도 영어 성경에 나온다. 그렇다면, 예수는 생뚱맞은 목수가 아니라 집을 짓는 건축가였다는 게 옳다.

그 당시의 서른은 직업인으로서 완숙한 나이여서, 영민한 예수였으므로 건축가로서도 성공했을 게다. 그러하니 건축이 사람을 바꾼다는 사실을 누구보다 잘 알았을 것이며, 더 많은 이들을 구원하기 위해서 집 짓는 일을 그만두고 광야로 나가 세상을 아예 새롭게 짓는 일에 전념했던 것 아닐까? 예수가 짓는 세상에서 새롭게 살기에는 가진 게 너무 많았던 대제사장들과 바리새인들이 그래서 예수를 십자가에 못 박은 것 아닐까…….

건축가로서 예수의 삶. 이 상상에 이른 나는 급기야 건축가의 바른 태도를 다시 묵상했다. 건축은 우리의 삶을 이루게 하는 직접적이고 적극적인 수단이니 건축 설계는 우리의 삶을 조직하는 것이라고 말한 바 있다.

따라서 건축 설계를 하는 건축가는 인간의 생명과 그 존엄에 대해 스스로 진실하고 엄정해야 하므로 심령이 가난해야 하고 애통해야 하며 의에 주려야 한다. 특히 다른 이들의 삶에 관한 일을 하니 화평케 해야 하고 온유하고 긍휼하며 청결해야 한다. 바른 건축을 하기 위해 권력이나 자본이 펴 놓은 넓은 문이 아니라 고통스럽지만 좁은 문으로 들어가야 한다. 스스로를 깨끗게 하여 거룩한 것을 개에게 주지 않아야 하며 진주를 돼지에게 던지는 일을 거부해야 한다. 모든 사물에 정통하고 박학하고자 뱀같이 지혜롭고 비둘기같이 순결해야 한다. 결단코 불의와 화평하지 않아야 하며, 때로는 그런 행동 때문에 집이나 고향에서도 비난받을 각오가 되어 있어야 한다. 사람 사는 일을 알고자 더불어 먹고 마셔야 하지만 결코 그 둘레에 갇혀서는 안 된다. 스스로를 수시로 밖으로 추방하여, 광야에 홀로 서서 세상을 직시하는 성찰적 삶을 지켜야 한다. 오로지 진리를 따르며 그 안에서 자유하는 자, 그가 바른 건축가가 된다.

내가 깨달은 바른 건축가의 삶은 예수의 삶과 다르지 않다. 그러니 바른 건축가가 되는 것은 낙타가 바늘구멍을 통과하는 일이다. 당연히 내게는 언감생심의 길이며 그 흉내조차

땅과 건축 모두 석회암이 주조主潮인 예루살렘의 풍경.

내지 못한다. 그러면서도 건축가라고 칭하며 사는 일이, 나는 늘 두렵고 아프다.

그런데, 이런 형태의 삶에 익숙하며 그러한 건축가의 태도에 가까이 있는 이가 있었다. 이종호. 그는 나보다 다섯 살이 적지만 범접하지 못할 생각과 태도를 가져 많은 이가 경외한 건축가다. 한국 현대건축의 거두였던 김수근金壽根(1931~1986) 선생의 마지막 제자로 선생의 건축적 유산을 고스란히 물려받았고, 유학 한 번 가지 않았지만 지독한 독서와 폭넓은 지적 교류를 통해 건축과 사회와 역사에 누구보다 정통하고 우리의 삶을 늘 깊게 사유했다. 이 땅의 풍경과 사연을 가슴으로 안아 건축으로 만드는 일에 탁월했다. 특히 건축이 지녀야 할 공공적 가치에 지극한 관심이 있었다. 건축 설계도 공공의 이익 도모가 늘 우선순위였으며 그런 건축을 통해 탐욕으로 일그러진 우리 사회가 조금이라도 나아지기를 소망했다.

그런 그에게, 출세와 재물은 사고 범주 바깥에 있는 단어일 수밖에 없었다. 한국예술종합학교에서 건축가를 지망하는 학생들에게 아낌없이 몸과 마음을 쏟으며 그들을 사랑하고 가르쳤다. 세상의 불의에 결연히 분노했고 곧은 말을 거리끼지 않았다. 세상의 거친 풍경 앞에 늘 주저하는 나는, 그를 통해 곧잘 고무되고 위로받곤 했다.

그런 그가 곤경에 처했다고 했다. 학교에서 몸을 사르며 행한 일들의 회계 처리를 두고, 감사원이 수천만 원의 회계 오류를 들이대며 징계를 요구한 것이다. 워낙 바른 그의 처신을 잘 아는 학교 집행부가 적극적으로 그 부당함을 소명하여 재심사를 받기로 했다. 엄청나게 상처를 입었건만 그는 흐트러지지 않았다. 걱정되어 내가 물었을 때도 감내할 것이라고 했다.

그런데, 재심사를 앞두고 검찰이 그를 갑자기 10억 원의 사기범으로 둔갑시켜 구속영장을 청구한 것이다. 바리새인이 따로 없었다. 인격적으로 이미 교살당한 것을 즉각 감지한 그는, 검찰이 출두를 요구한 날 밤 제주로 향하는 뱃길에 홀로 올라, 거칠고 차가운 밤바다에 육신을 던졌다. 불과 57세의 나이였다. 또 한 명의 예수가 살해된 것이다.

지울 수 없는 메일.

이종호는 2014년 2월 20일 목요일 밤에 떠났다. 그는 그날 나와 점심을 하기로 했으나 나오지 않았다. 그다음 주 월요일에는 서울시에서 그가 맡은 세운상가 재생계획을 최종적으로 발표하는 회의가 잡혀 있었다. 그런데 금요일 아침 그가 제주 앞바다에 몸을 던졌다는 소식을 접한 것이다. 그야말로 망연자실이었다.

그는 1980년 김수근 선생의 '공간연구소'에 신입사원으로 들어와 나와 인연을 맺었지만, 나는 그해 빈으로 유학을 떠나기로 되어 있었던 터라 정작 그를 알기 시작한 것은 1982년 귀국 후부터다. '공간'에 복귀한 나는 그의 비범한 성정을 단박에 알아챘고 그와 줄곧 한 팀을 이루며 여러 일을 도모했다. 1986년 김수근 선생의 죽음이 우리의 일터를 달리하게 했어도 우리는 늘 같은 지대에 있었다. 여러 건축 프로젝트도 협력하기를 마다하지 아니하였지만, 이 땅의 열악한 건축 풍토를 바꾸는 운동에도 서로 열심이었고 숱한 여행길에서 세상의 풍경을 바라보는 눈높이를 같이했다. 더없는 동반이었고 절실한 파트너였다. 특히 서울시 총괄건축가라는 직임을 받은 내가 좌충우돌하며 지낼 때, 그는 내 거친 생각을 받아 난관에 처한 프로젝트를 정교하게 수행해내는 동지였으며 대체가 불가능한 존재였다. 그가 가다니…….

그가 죽었다는 날 이틀 후인 토요일 정오, 놀랍게도 그로부터 메일을 받게 된다. 그가 예약 메일로 죽기 직전 전송한 것이었다. 이렇게 쓰여 있었다.

월요일 회의는 형님이 대신해주시기 바랍니다. 제 인생의 반 이상을 형님과 보냈습니다. 많이 보살펴주셔서 정말 감사합니다.

― 이종호

2014년 2월 22일 자로 수신한 이 메일은 내 노트북 메일함에 여전히 남아 있다. 도무지 그를 이대로 보낼 수 없어 그를 기리는 어떤 기념회에도 가지 않는 나지만, 이 메일의 삭제 버튼은 아직도 누르지 못한다.

이종호가 세상을 떠나기 정확히 1년 전인 2013년 2월,
동료 건축가들과 여행한 네팔 카트만두에서 찍은 사진.
오른편부터 김영섭, 나, 민현식, 김인철 그리고 한 칸 건너 이종호.
이 장면은 연출된 것이 아니었다.

3

"당신은
히로시마"

〈히로시마 내 사랑〉Hiroshima, Mon Amour(1959)이라는 영화가 있다. 알랭 레네Alain Resnais(1922~2014) 감독이 만든 이 영화는 한 프랑스 여인이 히로시마에 영화 촬영으로 방문했다가 일본인 건축가를 만나 사랑에 빠지는 이야기를 담고 있다. 이 여인은 전쟁 중에 느베르라는 마을에서 한 독일군 병사와 나눈 사랑을 비극적으로 끝내야 했던 상처가 있는 까닭에, 원폭의 참상이 뒤덮은 히로시마에서 새로운 사랑에 빠질수록 그 비극을 깊이 연상하게 된다. 극중 인물의 이름이 나타나지 않은 가운데, 여인은 남자에게 "당신은 히로시마"라고 말하고 남자는 여자에게 "당신은 느베르"라고 대답한다.

당신은 히로시마? 무슨 말인가.

우리가 건축 없이 사는 일은 거의 불가능하다. 그런 건축을 우리는 어떻게 이해하고 있을까? 요즘은 그래도 신문 문화면에 건축이 가끔 등장하지만, 우리의 인식에 건축은 여전히 부동산이다. 일반 신문이 아니라 한 경제지에서 '한국건축문화대상'이란 거창한 이름의 건축상을 주관하는 것도 그 연유일 게다.

건축을 바라보는 시각은 대개 두 종류인데, 하나는 공학이나 기술로서의 건축이고 다른 하나는 예술로서의 건축이다. 좀 더 식견이 있는 척하면 기술과 예술의 접합점에 있다고도 한다. 대학에서도 건축과는 공과대학이나 미술대학에 속하는 게 얼마 전까지만 해도 일반적이었으니 학문적으로도 건축의

〈히로시마 내 사랑〉 포스터.

상위 분류는 기술과 예술이다. 그럴까?

옳지 않다. 그런 분류는 건축을 시각적 대상으로만 본 결과다. 즉, 어떻게 이런 큰 건물을 지을 수 있을까 하는 기술적 관심과 외부 모양의 예술적 가치에 대한 시각인데, 이 두 가지 모두 건축의 본질과는 거리가 있다. 예컨대 요란한 형태와 색채로 외부를 장식하여 그 내부가 어떤지를 도무지 알 수 없게 한 건축은 유명한 건축이 될지는 몰라도 좋은 건축이 되기는 오히려 어렵다. 건축은 기본적으로 우리 삶을 영위하는 내부 공간을 형성하는 것이 일차적 목표이며 따라서 그 공간이 보다 본질적이기 때문이다.

그러나 이 공간은 불행하게도 눈에 보이는 물체가 아니어서 설명하기가 무척 어렵다. 우리가 어떤 건축에서 감동을 느낀다면 그것은 거의 다 그 건축 속에 빛이 내려앉아 빚어진 공간의 특별함 때문이다. 그렇지만 공간은 보이지 않는 까닭에, 남에게 그 감동적 건축을 설명할 때면 대개 천장의 모양이나 벽과 바닥의 장식 등을 이야기할 뿐이어서, 이를 듣는 순간 공간은 사라지고 건축은 잘못 설명되고 만다. 그래서 건축은 어렵다고도 한다.

이 보이지 않는 공간을 어떻게 설명해야 할까? 사실 그렇게 어려운 일만은 아니다. 바로 그 건축 속에서 사는 방법과 건축의 분위기, 사건과 역사를 설명하면 된다. 건축 설계라는 것은 우리의 삶을 조직하는 일이다. 따라서 건축 설계를 하는 이들이 해야 하는 우선의 공부는 그 건축 속에서 살 이들의 삶에 관한 것이어야 한다. 특히 남의 집을 짓는 일이 고유 직능인 건축가라면 기본적으로 문학이나 영화, 여행을 통해 그들의 삶을 알아야 하고, 그들이 어떻게 살았는지를 알기 위해 역사적이어야 하며, 왜 사는지를 알기 위해 철학을 해야 한다. 그래서 건축을 굳이 어떤 장르에 집어넣으려 하면 인문학이라고 나는 주장해왔다. 물론 기술이나 공학적 요소도 있어야 하고 예술적 성취도 이루겠지만 그것은 어디까지나 부수적일 뿐 건축을 포괄하지 못한다. 인류가 시작되어 집이 먼저 생겼지 기술이나 예술이 먼저 있었던 것이 아님을 상기하시라. 하이데거는 "인간은 거주함으로 존재하며, 거주는 건축을 통해 장소에 새겨진다"라고 했다. 건축이 우리의 존재 자체라는 말일진대, 건축은 눈에 보이는 것 이전의 문제인 것이다.

그러면 도시는 무엇일까. 도시는 익명성을 바탕으로 이루어진 공동체다. 농촌은 기본적으로 혈연으로 구성되어 인륜이나 천륜만으로도 그 공동체를 유지할 수 있지만, 서로 모르는 사람들이 각자의 이익을 추구하기 위해 모여 만들어지는 도시 공동체는 합의된 규약에 의해 유지된다. 광장이나 도로, 공원 같은 도시의 공공영역이 바로 그 합의에 의해 만들어지는 공간이다. 이 공공영역이 잘 조직되고 긴밀히 연결된 도시가 공공성이 발달한 선진도시이며, 파편적이어서 불연속적으로 이뤄진 도시는 미개도시다.

민주주의의 도시에서는 공공영역이 누구에게나 평등하

고 자유롭도록 만들어져 있고, 중심적 체제를 갖는 전제專制도
시에서는 권력의 안전과 권위를 위해 계급적으로 조직되며,
산업도시에서는 사람보다 효율과 기능이 우선하도록 구성된
다. 그러나 사회 체제는 시대의 요구에 따라 항상 바뀌는 것
이며 가치도 변하기 마련이어서, 이를 담아야 하는 도시도 생
물체처럼 바뀌며 움직이게 마련이다. 이 변화를 수용하지 못
한 도시는 역사 속에서 늘 멸망되었다. 그러므로 건축에서 공
간이 본질인 것처럼, 도시에서도 보다 중요한 것은 결코 몇 낱
기념비적 건물이 아니라 그 건물들로 둘러싸인 공공영역이다.
이 또한 보이는 물체가 아니다. 그러나 이 보이지 않는 공간으
로 도시는 그 애환과 열정을 담아 끊임없이 움직이고 변하면
서 존속하게 된다.

『사회정의와 도시』Social Justice and the City(1973)를 쓴 미국의 지
리학자 데이비드 하비David Harvey(1935~)는 민주주의 시대의 새
로운 도시와 건축의 조건을 다음과 같이 명료하게 제시했다.

"이미지에 대항하는 서사, 미학에 대항하는 윤리, 결과적 존재보다는 생성
그 자체."

이는, 단일 건축이나 기념비가 갖는 상징적 가치보다는
그 주변에 담겨서 면면이 내려오는 일상의 이야기가 더욱 가
치 있고, 시설물이나 건축물 외형의 아름다움이 아니라 그 속

차오웨이 소호朝外 SOHO(2005). 베이징 중심상업지구 내 6,000평의 땅에 쇼핑과 업무 복합 용도로 지은 연면적 5만 평 규모의 이 대형 건축 한가운데에는 전체를 가로지르는 공간이 있다. 주변의 도시적 상황을 고려하여 바깥 도로들과 내부가 긴밀히 연계되도록 건축 속에 도시적 공간을 만들었는데, 자유로운 통행이 이루어지는 이 공간이 공공영역처럼 인식되어 급기야 노천 시장이 형성되는 지경까지 이른다. 개인의 영역이지만 공공화된 이 공간 속에서는 시시때때로 여러 형태의 모임이나 공연, 휴식이나 놀이가 공공연히 발생한다. 도시를 품은 이 건축에 대한 기억을 이제는 베이징의 도시 풍경과 분리할 수 없게 되었다.

에서 다른 이들과 더불어 사는 관계가 더 중요하며, 도시와 건축은 완성된 결과물에 가치가 있는 게 아니라 우리의 삶을 담아 끊임없이 진화하고 지속되는 데 더욱 의미가 있다는 뜻이다. 그리고 그런 도시는 기억으로 남아 통합된다는 것이다.

"당신은 히로시마."

폐허가 된 히로시마의 역사와 그 땅을 몸과 정신에 기록하여 기억하는 당신이 바로 히로시마 자체요, 느베르의 공기와 풍경을 몸에 담은 또 다른 당신은 느베르이니, 우리의 존재 자체가 모두 하나하나의 도시라는 말이다.

마스터플랜의   4
망령

1955년 미국 세인트루이스에 세워진 '프루이트아이고'Pruitt-Igoe라는 2,870세대의 주거단지는 세워지기 이전부터 여러 건축 매체가 최고의 아파트라고 칭송했다. 이 새로운 주거단지는 일본계 미국인 건축가 야마자키 미노루山崎實(1912~1986)(그는 2001년 테러로 무너진 뉴욕의 세계무역센터World Trade Center도 설계한 바 있다)가 설계했는데, 그 당시 세계 건축계를 이끈 르 코르뷔지에Le Corbusier(1887~1965)와 근대건축국제회의CIAM가 주창한 신도시에 대한 마스터플랜 강령을 충실히 추종한 결과 '미래도시의 모범'으로도 불렸다.

합리와 이성을 절대 가치로 믿는 모더니즘을 시대정신으로 한 그 강령은, 7만여 평의 땅 위에 11층 33개동의 아파트를 균일하게 배치시키며 흑인과 백인 가구의 지역을 나누고 모든 공간을 기능과 효율로 재단하여 분류했다. 미래 세계의 실현이라며 보랏빛 꿈을 약속한 이 마스터플랜은 마치 전지전능한 도면처럼 보였다.

우리의 미묘한 삶을 그렇게 쉽게 예측하는 것이 가능한 일이었을까? 얼마 되지 않아 문제가 생겼다. 예컨대, 세탁이나 육아를 담당하는 공동의 공간은 환기와 채광이 제대로 되지 않아 공동空洞의 공간이 되더니, 급기야 마약·강간·살인 범죄가 연이어 일어나고 말았다. 계급적으로 분류된 세대는 계층별 갈등을 불러, 결국은 단지 전체가 인종 분규와 도시범죄의 소굴이 되고 말았다. 움직일 수 있는 엘리베이터가 두 대밖에 안 될 정도로 절망의 공동체가 된 이 '미래도시'를 보다 못한 세인트루이스시 정부는 1972년 다이너마이트로 전체를 폭발시켰다. 1972년 7월 15일 15시 32분. 단지가 폭파된 순간을 적시한 포스트모더니즘의 건축가 찰스 젱크스Charles Jencks(1939~)는 이를 모더니즘이 종말을 고한 순간이라고 했으며 그로써 마스터플랜이라는 도시를 만드는 방법은 서구에서 폐기되고 말았다.

그러나, 이 폐기된 마스터플랜이 우리 땅에 전가의 보도처럼 등장했으니, 1970년대 경제개발이 광풍처럼 몰아치면서 ○○○종합계획도, ○○○개발구상도 같은 이름의 지도들이 이 땅에 난무한 것이다. 모두 마스터플랜의 다른 말인 이 지도들에는 공통된 특징이 있다. 우선 각종 색으로 칠해져 있는데, 이 색채에는 중요한 권위가 있어서 붉은색은 상업지구, 노란색은 주거지구, 보라색은 공업지구를 나타내며 색채마다 건폐율과 용적률이 달라 땅값의 차이로 등급을 갖게 된다. 도로에도 계급이 생겨, 고속도로·간선도로·분산도로·집적도로 등 도로별로 속도제한을 두고 도로 폭을 정하며, 도로변에 짓는 건물의 종류와 높이, 모양까지 규제하고 등급을 둔다. 공간 구조도 위계적이다. 도심이 있고 부도심이 있으며 변두리도 있어, 변두리 근린생활시설에 사는 이들은 도심 중심상업시설에 오면 괜한 주눅이 들게 된다.

게다가 그 마스터플랜이 기적을 이뤘다. 50만 명이 사는 분당이라는 도시가 5년 만에 만들어진 것이다. 이 전율적 속

위에서부터 미국 건축가 루트비히 힐버자이머Ludwig Hilberseimer(1885~1967)가 1924년에 제안한 고층 건물의 도시, 1958년에 세워진 프랑스 무렝의 신도시, 그리고 1955년에 지었으나 17년 만에 폭파된 세인트루이스의 프루이트아이고 주거단지.

도는 세계의 도시 역사에 유례없는 일이었지만, 유감스럽게도 세계의 도시학자들은 분당을 교과서에 기록하지 않는다. 분당이 이미 그 효용 가치를 폐기한 마스터플랜의 복제라는 것을 알고 난 결과였다.

그렇다면 이 도시는 실패했을까? 아니다. 분당은 성공하였다. 도시가 성공했을까? 아니다. 도시가 아니라 부동산이 성공한 것이다. 주뼛거리며 산 아파트 가격이 오르자 주민들은 행복해했다. 이 행복해하는 모습을 정치가가 지나칠 리 없다. 몇만 호를 짓겠다고 공약하면, 건설자본이 붙어서 마스터플랜을 찍어댔다. 바야흐로 정치권력과 자본권력이 야합하여 만든 마스터플랜의 도시들이 경쟁적으로 나타나 수도권의 땅들을 도륙 내더니, 영남으로 호남으로 심지어는 제주에까지 신기루처럼 연일 솟아났다. 이런 도시에서의 삶이 행복해졌을까?

이들의 원본이던 프루이트아이고 같은 도시에 대해 프랑스 철학자 앙리 르페브르Henri Lefèbvre(1901~1991)는 "이렇게 철저히 프로그램화된 거주기계(이 단어는 르 코르뷔지에가 주거를 정의하며 사용한 바 있었다)에서는 모험도 낭만도 없으며, 우리 모두를 구획하고 분리하여 서로 멀어지게 한다"라며 비인간적이고 반사회적인 이 모더니즘의 거주 형식을 질타했다.

더 큰 문제가 있다. 나는 건축가임에도 이런 도시들에 서면 어디가 어딘지 구분하지 못한다. 모두가 다른 땅이며 다른 삶이었는데 표준적 모형, 표준적 지침을 강제하여 천편일률의

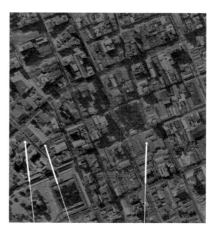

acupuntura urbana
jaime lerner

건축가이며 도시계획가인 자이메 레르네르Jaime Lerner(1937~)는 1970년대와 1980년대에 세 번에 걸쳐 브라질 쿠리치바 시장을 지내는 동안 '도시침술'이라는 새로운 도시 전략을 시정에 도입하여 열악한 도시 환경을 혁명적으로 바꾸는데 성공했다. 쿠리치바는 인간 중심의 지속적 삶이 보장되는 환경의 도시라는 명예를 얻으며 도시재생의 세계적 모델이 되었다. 그는 이 전략으로 도시를 바꾼세계의 사례들(서울의 청계천도 포함되었다)을 소개하는 책 『도시침술』Acupuntura Urbana(2003)을 출판하기도 했다.

풍경으로 만든 까닭이니 장소가 가진 고유함이 사라지고 지역의 정체성은 소멸된 것이다.

　이게 다가 아니었다. 전가의 보도인 마스터플랜을 도시 만들기로만 휘두르지 않았다. 국토 개조라는 시대착오적 용어를 내세우며 4대강을 절단하고 만다. 우리 땅은 곳곳이 다르며 부분마다 독특하고 고유하여 금수강산이라 했다. 특히나 강은 물길마다 구비마다 유별한데, 이를 표준적 단면을 갖는 마스터플랜으로 일관하며 뒤집고 파헤쳤다. 양식 있는 많은 학자들이 대자연의 복수를 경고하며 말렸지만, 마스터플랜에 경험이 많다며 그 효능을 과신한 당시 대통령에게는 다소 불편한 잡음으로 들렸다. 잃어버린 풍경에 대한 그리움은 언감생심이라, 생태학자들이 예언하는 미증유의 불행이 닥쳐오지 않기만을 바랄 뿐이지만, 녹조라테와 큰빗이끼벌레라니……. 불안과 공포가 이제 강마다 내재한다. 마스터플랜의 망령을 빠져나오는 게 이토록 힘든 일인가…….

　마스터플랜의 허망함을 아는 해외 선진도시는 이미 다른 방법으로 진화하고 있었다. 도시 전체를 한꺼번에 바꾸는 게 아니라 주민과 함께 필요한 작은 부분을 개선하고 기다리며 변화하여 다음 단계로 나아가는 형식, 시간이 걸리지만 시행착오 없는 이 지혜로운 방식을 침술적 방법이라고 이름했다. 도시는 완성되는 게 아니라 생물체처럼 늘 변하고 진화한다는 이치를 터득한 이 도시침술은 예산도 많이 들지 않지만,

파주출판도시는 서양도시를 흉내 낸 마스터플랜으로 시작되었지만, 이로 인한 문제를 초기에 인식한 출판인들과 건축가들의 협력으로 새로운 도시 풍경을 만들었다. '풍경 쓰기'라는 제목으로 새롭게 채택한 배치도에는, 기능·효율·속도 같은 종래의 용어 대신, 비움·공유·풍경·느림·공동성이라는 단어가 키워드로 등장하였다. 이는 지금까지 한국 사회에서 경험하지 못한 새로운 도시를 위한 규약이자 지침이 되었다. 그 후 10년의 노력으로 전혀 새로운 도시 풍경이 나타났고, 이에 고무되어 2단계로서 출판영상문화산업단지의 건설이 진행되고 있다. 그러나, 이미 이전의 마스터플랜에 의거한 도로망은 피할 수 없었다. 속도 위주의 직선으로 그려진 이 도로망은 예상했던 대로 지금도 보행 위주의 공동체 형성에 걸림돌로 작용한다. 도시는 완성되는 게 아니라 늘 변하는 생물체이므로, 선한 목표를 공유하는 한 언젠가는 이도 극복될 것이다.

무엇보다 과정이 민주적이고 흥미진진하다. 특히 개발이 아니라 재생이라는 지금 시대의 가치와 부합한다. 급기야는 우리도 도시개발에 대한 의식이 서서히 변하여, 이 땅에서 마스터플랜 시대가 저물어가는 것을 목격하고 있다.

그러나 4대강의 비극을 겪고 있는 지금의 정부도 여전히 마스터플랜의 망령에 사로잡힌 것 같아서 불안하다. 작금의 좋지 않은 경제 상황을 타개하기 위하여 여러 개발계획을 시시때때로 쏟아낸다. DMZ개발이 남북 간 긴장 고조로 여의치 않고 새만금 같은 대형 사업도 난망하자 최근에는 뜬금없이 4,500킬로미터의 '코리아 둘레길'을 만들자고 한다.

백번 양보해서 새로운 동기부여와 비전이 필요하니 그런 큰 그림을 품을 수 있다 치자. 그러함에도 진심으로 당부하고자 하는 것은, 부디 조금씩, 하나씩, 천천히 하시라. 우리가 살고 있는 땅은 우리 것이 아니라 우리 후손의 것이며, 우리는 이를 잠시 빌려 쓰고 있을 뿐인 까닭에……

내 친구의
서울은
어디인가

요즘 세계에서 가장 '핫'hot한 도시가 서울? 적어도 내 주변 건축가들 사이에서는 그렇다. 근래 들어 하루가 멀다 하고 내가 아는 외국의 건축가들이 서울을 찾는다. 특별한 목적이 아니면 오기 힘든 동북아시아 끝에 위치해 있건만 도쿄나 베이징, 홍콩에 온 길에 일부러 들렀다고 하니 예삿일이 아니다. 또한, 밖에 나가 그곳 건축가들과 만나 나누는 대화의 주제가 서울에 관한 것이 대단히 많아졌다. 해외에서 개최되는 전시회나 심포지엄에 참가해보면 전례 없이 많은 현지인들이 모여 서울을 논한다. 그중에는 이름난 석학이나 건축가도 여럿 눈에 띈다.

전과 확연히 다르다. 한류의 영향? 없는 것은 아니겠지만 유행이나 현실에 냉소적이기 쉬운 건축가들이 그런 것으로 영향을 받지는 않는다. 서울의 재발견이라고 해야 옳다. 사실 서울은 그동안 너무도 저평가되었다.

건축가들이지만 도시에서 정작 그들이 좋아하는 것은 건축이 아니라 그곳의 생생한 삶이다. 그들은 현대의 첨단 건축이 즐비한 강남을 피해 강북의 골목길 풍경에 탐닉한다. 통행 기능만 있는 직선이 아니라 지형과 경사를 따라 불규칙하게 조직된 서울의 골목길에서 그들은 건축의 지혜와 영감을 얻는 것이다.

많은 길들이 지난날 재개발의 광풍으로 사라지고 말았지만, 그래도 서울에는 여전히 많은 골목길들이 있다. 미로의 도시라면 모로코의 페스가 단연 앞선다. 1,200여 년의 역사를 가진 이 도시를 안내자 없이 갔다가는 길을 잃기 마련인데, 길이 이 도시를 지탱하는 실핏줄처럼 퍼져 있다. 어떤 길은 몸을 비틀어야 지나갈 수 있는 60~70센티미터 정도의 좁은 폭이어서, 심리적으로 압박을 느끼는 보행자는 그 길에서 그저 속히 벗어나고 싶어 하기도 한다. 그러나 서울의 골목길들은 대략 2~3미터 폭, 우리 신체 크기에 딱 적합하여 페스의 답답한 길보다 훨씬 편안하고 밝다. 더구나 경사지인 까닭에 공간 변화가 무쌍할 수밖에 없어, 서울의 골목길을 걷는 것은 한 편의 드라마를 보는 것과 같다.

서울성곽(한양도성)에 위치한 이화동마을 같은 곳, 좁다가 넓다가 곧게 가다가 휘어지는 이 드라마틱한 공간들에는 요즘 상권도 살아나 예쁜 가게와 깜찍한 카페, 작은 갤러리가 들어서서 이야기가 더욱 풍성해졌다. 천만의 인구가 사는 대도시에 이런 디테일이 있다니…… 대단히 특별하다는 것이다.

역사적 정취가 있는 도시는 건축가에게 중요한 학습 현장이어서 늘 경외의 대상이 된다. 물론 서울보다 훨씬 오래된 역사를 가진 서양도시들이 즐비하며 그 흔적이란 게 간혹은 지겨우리만큼 전역에 퍼져 있는 곳도 있다. 그에 비해 서울은 흘깃 보면 저급하고 부조화한 현대적 건물들로 급조된 도시 같다. 그러나 도시 한복판에 종묘 같은 엄청난 문화유산이 자리 잡고 있는 것에 망연자실한다. 게다가 종묘가 얼마나 근사한 건축인가. 동양의 파르테논이라며 건축가들의 방문 목록

서울 풍경.

첫 번째 줄에 있는 곳이다.

빌바오미술관Guggenheim Bilbao Museum을 설계한 프랑크 게리Frank Gehry(1929~)가 2013년 서울에 오면서 슬쩍 청을 넣은 게, 가능하면 종묘를 아무도 없을 때 혼자 방문하게 해달라는 것이었다고 하니(현란한 모양을 즐겨 만드는 그가 절제의 극치인 이 건축을 보고 무슨 생각을 했을까) 저열하고 소란스러운 도시 풍경이라며 서울을 은근히 폄하하던 이들에게 종묘가 가진 침묵의 아름다움은 충격이다. 종묘와 이어진 창덕궁을 찾게 하여 오래된 건축과 후원의 조경을 보게 하면, 이 번잡한 대도시한가운데 존재하는 그토록 특별한 아름다운 풍광, 그들에게는 너무도 비현실적인 사건이다.

이게 다가 아니다. 한양도성은 어떤가? 18킬로미터가 넘는 이 성곽은 세계에 유례가 없는 역사유적이다. 평지와 산의 등선을 연결하며 도시를 둘러싸고 이루는 서울성곽 같은 압권적 풍경을 유럽에서는 결단코 보지 못한다.

그뿐인가? 삶을 즐기는 방법을 잘 알고 있는 건축가들에게 서울의 문화는 대단히 자극적이다. 홍대는 그 앞에 즐비한 재즈카페들에 내로라하는 세계의 뮤지션과 셀레브리티가 소문 없이 찾아와 얼굴을 내미는 곳이며, 길거리마다 세계에서 가장 '쿨'cool한 차림의 젊은이들이 모여들어 365일 내내 파티를 즐기는 축제의 장이다.

대학로의 문화와 어우러진 젊은 풍경, 청담동의 최첨단 패션모드와 저커버그Mark Elliot Zuckerberg(1984~)도 통째로 빌려서

밤새 놀고 간다는 클럽들…… 하다못해 골목길에도 있는 노래방, 그 안에서 목청 돋우며 마이크 잡는 풍경…… 세계 어디를 여행해도 이런 다이너미즘dynamism은 없다. 그런 첨단의 유행만 있는 게 아니다. 세계인이 판소리 같은 우리 고유의 소리나 전통 춤사위를 경험하면 한국인이 가진 신명과 한을 알게 되어 새로운 세계에 눈뜨며 경외하지 않을 수 없다. 게다가 서울의 음식은 얼마나 맛있는가?

더 큰 게 있다. 서양의 큰 도시에서 온 건축가들을 매료시키는 것은 서울의 산이다. 시내 어느 곳에서도 불과 10~20분 이내에 산에 도착할 수 있다는 것이 환상적이라고 했다. 그럴 만도 한 게 그들 관념으로 도시는 평지여야 한다.

2,000년의 역사를 가진 파리나 런던, 빈, 프랑크푸르트 등 모두가 로마군단의 캠프였던 카스트라Castra라는 조직을 원도심으로 가지며, 평지에 설치할 수밖에 없었던 그 캠프시설이 시대를 거듭하며 확대된 게 오늘날의 모습이다. 중세 유럽에 유행처럼 번진 이상도시 건설도 기하학적 도형을 실현한 결과여서 바탕은 평지여야 했으며, 20세기에 등장한 마스터플랜의 도시들도 평지를 전제로 한다. 녹지의 공원? 물론 평지가 전제다. 그러니 그들에게 산은 일부러 시간을 내어 떠난 여행에서 만나는 풍경인 것이다.

천만 인구가 사는 세계의 메가시티 스물다섯 개 중에서 산을 도시 내부에 품고 있는 곳은 서울이 거의 유일한데, 그게

2000년에 완공된 웰콤시티는 여섯 개의 필지를 통합해서 짓는 광고 회사 사옥이었다. 만약 그렇게 지으면 주변의 작은 건물들과 규모에서 부조화할 것이 염려되어, 전체 볼륨을 네 개로 분할하고 그들 사이에 빈 공간을 만들어 뒤편에 있는 건물이 갖는 조망도 트이게 했다. 서울 풍경의 아름다움은 거대 건물군이 만드는 형태가 아니라 작은 단위가 모여 이루는 집합에서 비롯한다.

서울의 정체성을 만드는 결정적 조건이다. 알다시피 서울이 조선의 수도로 정해진 까닭은 산 때문이다. 네 개의 산(북악산, 낙산, 남산, 인왕산)과 이를 둘러싸는 또 다른 네 산(북한산, 용마산, 관악산, 덕양산), 그 사이를 흘러나가는 물줄기들이 이루는 풍경이 서울의 고유한 지리여서, 산은 말 그대로 랜드마크이며 도시는 그 속에 작은 건축들이 모인 집합체다. 인공의 랜드마크가 없어지면 정체성도 사라지는 평지도시의 운명과 다르다.

지난 시절, 우리가 미숙하여 서양도시를 흉내 내느라 억지 랜드마크를 세워 자연과 역사와 부조화한 풍경을 만들긴 했어도, 산이 존재하는 서울은 그 고유 풍경을 회복할 원점이 있으므로 아직도 희망적이다.

부디 북악산에 올라 서울을 내려다보시라. 잘생긴 산들이 겹쳐진 풍경과 곳곳에 모여 있는 삶터들, 그 사이로 흘러드는 한강이 이루는 서울의 모습은 내가 아는 한 세계 최고다. 특히 봄꽃이 지천으로 흐드러지게 피어오를 때, 온 산이 울긋불긋 단풍으로 물들 때, 혹은 눈발이 희끗 날릴 때, 서울의 성곽과 골목길을 걸어보시라. 무릉도원이 따로 있는 게 아니다.

어쩌면, 일상의 삶이 각박하여, 이 사회가 너무도 부조리하여, 혹은 나라 꼴이 희한하여 우리 속에 가득 찬 우울과 분노를 맑게 맑게 씻을 수도 있을 게다.

각자의 이익을 구하기 위해 익명의 개인이 모여 만든 공동체가 도시라면, 이 도시의 구성에 필요한 가장 중요한 요소는 무엇일까? 20세기 후반 현대의 도시 이론에 지대한 영향을 미친 미국의 도시계획 이론가 케빈 린치Kevin Andrew Lynch(1918~1984)는 그의 명저 『도시의 이미지』The Image of the City(1960)에서 도시의 특징을 구성하는 다섯 가지 요소를 길Paths, 모퉁이Edges, 지역 Districts, 교차점Nodes, 랜드마크Landmarks로 꼽는데 그 가운데서도 길을 가장 앞선 요소로 내세운다. 길은 도시의 제도적 장치로서 도시 공동체의 성격을 가장 잘 표현하며, 마치 우리 몸의 핏줄처럼 도시민의 삶을 흐르게 하고 지탱시키는 가장 중요한 도시공간이라고 했다.

어떤 도시에서든 길의 구조를 파악하면 그 도시의 성격과 이념을 이내 알 수 있다. 예컨대 영주의 성채를 중심으로 중앙과 대각선의 길이 뻗어 있는 곳은 단일 중심의 봉건도시이며, 교회나 기념비를 가운데 놓고 도로를 겹겹으로 싼 도시는 배타적인 종교도시이거나 이념의 도시다. 근대의 도시는 기능의 효율적 분배가 우선하므로 길을 계급별로 분류하고 그 폭과 속도까지 규정하고 제한하며, 상업도시는 도로를 상품의 진열장처럼 화려하게 꾸민다. 민주주의의 도시에서는 모두가 평등하도록 바둑판처럼 길을 구성하지만, 전제적 도시에서는 모든 것이 통제되도록 계급적 길을 만든다. 그러니 길에는 그 도시의 진실이 있다고 말할 수 있다.

쿠바에서 태어난 이탈리아 작가 이탈로 칼비노Italo Calvino (1923~1985)가 쓴 『보이지 않는 도시들』Le città invisibili(1972)이라는 책은 마르코 폴로Marco Polo(1254~1324)가 여행 중에 들렀던 도시들을 쿠빌라이 칸Khubilai Khan(1215~1294)에게 묘사하며 들려주는 형식의 소설이다. 이 책은 우리로 하여금 도시란 무엇인가를 끊임없이 성찰하게 한다. 책의 소제목 구성부터 예사롭지 않다. 전체를 아홉 장으로 나누어 첫째 장과 마지막 장에 각각 열 개의 도시, 나머지 일곱 장에는 각기 다섯 도시를 넣어 전체 쉰다섯의 도시를 설명하는데, 도시, 기억, 욕망, 기호, 이름, 망자, 하늘 같은 단어들을 반복하고 숫자마저 거꾸로 붙여 목록 자체가 어떤 류의 조직을 암시한다. 대단히 치밀하다.

그중에서도 '자이라'라는 도시를 설명하는 대목은 의미심장한데, 이 도시에 있는 높은 탑이나 형태에 대해 말하는 것은 아무 의미가 없다고 한다. 도시는 이런 것이 아니라 도시공간의 규모나 과거 사건들 사이의 관계로 이루어진다고 단호히 얘기하며, 도시의 가치가 위대한 건축물 몇몇에 있는 게 아니라 거리, 창살, 계단, 피뢰침, 깃대 등 그 자체로 긁히고 갈라지고 깨지고 뒤엉킨 모든 파편에 담겨 있다고 황제에게 설명한다. 우리가 도시의 인상을 이야기할 때 거들떠보지 않는 작은 일상이나 평범한 길가에 그 도시의 가장 큰 진정성이 있다는 것이다.

일반적으로 한 도시를 소개하는 책자에는 그 도시의 상

징적 시설물이 등장하게 마련이지만, 사실 이것들은 그 도시에 거주하는 이들의 일상과 괴리가 있다. 실제로 나는 서울의 남산타워에 올라간 적이 없으며 서울숲에도 간 적 없고, 고궁을 찾는 일은 몇 년에 한 번쯤일 뿐이고, 시내에 즐비한 고층 빌딩에서도 살아본 적이 없다. 서울을 안내하는 책자마다 그려져 있는 이런 풍경은, 이탈로 칼비노의 말을 빌리면 허무한 환영일 뿐이다. 개인이나 특정 집단이 사용하는 건축물이 아니라 도시민 모두가 사용할 수 있는 빈터나 길가에 도시의 본질이 있다는 것, 그는 이를 '보이지 않는 도시들'이라고 했다.

그렇다면 도시를 만들거나 설계할 때 중요한 것은 그러한 빈 공간을 설정하는 것인데도 현대의 도시계획도에 비움은 표현되어서는 안 되는 부분이다. 모든 부분은 현란한 색깔로 채워져야 했고, 이들을 연결하는 도로는 계급에 따른 일정한 폭의 붉은 선이어야 했으며, 전체는 20년 혹은 50년 후 목표 연도의 환상적 미래상을 보여주어야 했다. 그것을 도시의 청사진이라고 불렀다. 그러나 나는 그런 목표가 실제로 완성된 도시에 대해 들은 적이 없다. 다 허황된 가정이었고 거짓이기 일쑤였다. 그런데도 그 목표의 달성을 핑계 삼아, 오래된 길을 죄다 없애고 직선의 도로로 만들며 골목길 풍경을 지워댔으니, 그 길에 새겨진 오랜 이야기도 기억도 역사도 그리고 결국은 우리도 사라지고 만 것이다.

역사적 도시의 풍경을 보전하기 위해 1987년 워싱턴에서 개최된 국제기념물유적협의회ICOMOS 총회는 필지와 도로에 의해 만들어진 도시의 패턴을 우선적으로 보전할 것을 권고하고 있으며, 유럽의회는 1975년에 건축유산에 관한 유럽헌장European Charter of the Architectural Heritage을 제정하면서 그 첫 번째 항에, "건축유산은 기념비적 구조물로만 구성되지 않으며 우리의 오래된 도시 속에 있는 작은 건물군과 자연적 혹은 인위적으로 형성된 특징적 마을의 패턴도 포함한다"라고 적어놓고 있다. 좁은 골목길에서 펼쳐지는 아기자기한 풍경에 애착을 가진 김수근 선생은 "좋은 길은 좁을수록 좋고 나쁜 길은 넓을수록 좋다"라고 했다. 그러니 도시의 길은, 그 길이 아무리 좁고 구부러졌다고 해도 오랜 시간을 지탱해온 이상, 우리 공동체의 역사를 기록한 기억의 보물 창고이며 살아 있는 박물관이다.

다행스럽게도, 요즘 전국에서 골목길이 살아나고 있다고 한다. 물론 민간에서 주도하는 현상이다. 금싸라기 땅인 강남의 대로변은 주말에도 찾는 이들이 눈에 띄게 줄어들었지만 (듣기로는 돈 많은 이들이 근린생활시설 용도의 작은 건물들을 사들이면서 거기서 영업하던 이들을 내보내고 마땅한 용도도 정하지 않은 채 그냥 방치한 까닭이라고 했다) 후진 동네로 알려진 강북의 마을들, 북촌과 서촌, 그리고 낙산 아래 마을의 길은 평일에도 북적거린다. 한국인만이 아니라 외국인도 늘 가득하여, 이들이 구부러진 길가에서, 보잘것없는 창틀에서, 초라한 담벼락에서 마치 보물을 만난 듯 기뻐하며 그 발견을 사진으로

5·18민주화운동에 대한 중앙정부의 보상적 성격이 짙은 아시아문화전당 현상공모에 응했을 때 나는 광주항쟁의 본질에 대한 이해에 관심을 가졌다. 이는 특정된 지배권력이 없는 사회, 즉 모두가 주인이 되는 다원적 민주주의의 건축과 도시의 구현으로 귀결되었다. 그리고 여기에는 상징적 랜드마크의 건축이 아니라 작고 고만고만한 단위의 건물이 집합을 이루며 나타나는 풍경이 적합하였다. 주어진 땅에는 이미 보잘것없는 평범한 일상의 건축물들이 즐비해, 이들을 고쳐 짓거나 그 크기대로 지어 이들이 모여 이루는 사회를 제안하였다. 물론 주변의 풍경과도 같은 맥락이 되어 조화를 이룰 것이 틀림없었다. 그러나, 이 제안은 2등작에 머물고 말았다.

기록한다. 그리고 길가에는 이들을 맞기 위해 작은 가게들이 새롭게 단장하여 문을 연다. 보이지 않던 도시들이 이제 보이게 된 것일까? 가히 골목의 시대가 왔다.

우려할 일은, 골목의 시대라 하여 억지 주제를 골목에 붙이며 관官이 덤벼들 조짐을 보이는 것인데, 그렇게 과잉 반응을 보여 낭패한 일이 한두 가지가 아니니 관은 부디 가만히 있으라. 보이지 않는 도시의 아름다움이니 이를 보이게 하는 것은 헛되고 헛된 것이라고 이탈로 칼비노는 누누이 강조했다.

메가시티가 아닌
메타시티,
인문의 도시

이탈리아 중세도시 시에나의 옛 시청사 2층 벽에는 14세기 화가 암브로지오 로렌체티Ambrogio Lorenzetti(1290?~1348?)가 그린 〈좋은 정부의 도시〉Effects of Good Government in the city and the countryside (1338~1340)라는 프레스코 그림이 있다. 그림 속 성벽으로 둘러싸인 도시 안에는 촘촘히 배치된 건물들 사이로 화려한 옷을 입은 사람들의 움직임이 분주하다. 반면에 성벽 밖은 색채가 음울하며, 농토를 일구는 농민들의 표정 또한 어둡다. 도시와 농촌은 행복과 불행의 다른 말인 것처럼 그려져 있는 것이다.

도시는 오랫동안 성벽 속에 형성된 계급적 공동체였다. 요르단강 서안 예리코에서 발굴된 집단 주거지가 1만 년 전의 역사라고 하지만, 도시로서 제도적 장치를 가장 먼저 갖춘 곳은 메소포타미아 지역 수메르인의 도시인 우르가 대표적이다. 구약성서에 아브라함의 고향으로도 나오는 이곳에는 성벽도 있고 지구라트Ziggurat나 왕궁, 일반 주거지도 확인되었으니 로렌체티가 그린 도시의 먼 원형이라고 해도 된다. 한 지역을 성벽으로 한정하고 그 속에서 안정과 번영을 구가하는 도시, 이는 성벽이 없어지는 18세기 무렵까지 무려 반만년이 넘는 기간 동안 줄곧 지속된 도시의 개념이었다.

행복지수가 시대별로 커지는 게 아니니 인류 역사상 최고의 행복도시도 있었을 게다. 그중에서도 폼페이는 대단히 충격적이다. 기원후 79년에 화산 폭발로 화석화된 이 도시를 25년 전 처음 답사하고서 나는 망연자실하였다. 700년의 역사에 2만 명이 거주하던 이곳은 교역의 중심지였고 휴양과 위

암브로지오 로렌체티의 프레스코화 〈좋은 정부의 도시〉 일부.

락의 도시였으며 문화예술이 늘 꽃피는 놀라운 도시였다. 내가 그릴 수 있는 이상적 도시의 모든 요소가 2,000년 전의 이 도시에 다 있었다. 성스러운 곳과 속된 곳이 같이 있었고, 빈자와 부자, 낮은 자와 높은 자 등 서로 다른 신분과 계급이 함께 어울렸다. 물자는 풍부했고 상하수도 등 기반시설은 완벽했으며 시민들은 손쉽게 공공시설에 접근할 수 있었다. 곳곳에 배분된 목욕시설과 문화시설 그리고 이들을 아우르는 일관된 건축 형식과 도시공간…… 완전도시 아닌가? 어쩌면 더는 발전할 수 없어 멸망했을까? 도시가 진보만 하는 게 아니라는 것을 여기서 깨달았다.

성벽의 도시는 중세 유럽에서 황금기를 맞는다. 방방곡곡에서 이상도시와 유토피아를 외치며 수도 없는 계획이 세워지고 도시가 건설되었다. 난공불락의 성벽을 쌓고 밖에 해자를 두른 이 도시들은 치밀한 가로망으로 위계적 질서를 만들고 가운데 영주의 궁을 두어 단일 중심을 이룬 폐쇄적 조직이며, 그래서 모두가 배타적이다. 이들 도시 이름 끝에 붙는 '-polis', '-pur', '-burg', '-bough', '-bourg' 등이 성벽이나 닫힌 공간을 의미하는 걸 보면 더욱 그렇다. 그러니 성내는 성 밖에서 보면 동경의 대상이요, 질시 자체일 수밖에 없다. 그래서 성내에 거주하는 사람들이란 뜻의 부르주아bourgeois가 착취 계급의 대명사처럼 쓰였다.

18세기 말엽 프랑스 시민혁명과 영국 산업혁명으로 정신과 물질의 자유를 얻은 농민들이 도시로 몰려들었다. 배타적 도시의 상징이던 성벽이 마침내 허물어지고 도시는 기회의 땅이 되어 확장 일로에 놓이고 만다. 이성의 우위를 내세운 모더니즘에 바탕을 둔 마스터플랜이라는 도면은 전가의 보도였다. 누구도 알 수 없는 미래를 통계적 수치를 근거로 예언하며 우리 삶을 재단하기 시작했다. 주거·상업·공업 지역이 나뉘었고, 도로는 서열화되었고, 도심과 부도심 같은 계급도 매겨졌다. 그런 도시를 메트로폴리스Metropolis라고 불렀다.

메트로폴리스는 라틴어 'meter'mother와 'polis'city를 합친 말로 'meter'의 뜻은 어머니이니 성장과 팽창이 본질적 목표였다. 백만 명의 인구를 가진 이 메트로폴리스는 21세기가 시작되던 해에 무려 450개나 되었고, 그중 스물다섯여 도시는 이미 천만 명 인구의 메갈로폴리스Megalopolis나 메가시티Megacity로 팽창하였다. 심지어 지구 전체의 단일 도시화를 목표하는 에큐메노폴리스Ecumenopolis라는 이름도 등장했다. 실제로 2050년에는 인류의 75퍼센트가 도시민이 된다고 한다. 그곳에서 우리 삶은 안녕할까?

미래에 대해 많은 비관이 쏟아졌다. 이미 1927년에 나온 미래도시에 관한 공상과학영화 〈메트로폴리스〉Metropolis(1927)에서 도시는 지배자와 노동자 계급으로만 나뉜 갈등의 집단으로 그려졌고, 영화 〈블레이드 러너〉Blade Runner(1982)가 그린 2019년 로스앤젤레스는 산성비에 젖은 음울한 풍경으로 나타났다. 온실가스, 지구온난화, 이상기후, 석유 자원의 고갈, 원자력의 공포 등등…… 온갖 지표와 예측도 불안하다. 도시 인류는 지속될 수 있을까? 인류 최고의 발명품이라는 도시, 그 화려한 종착점인 메트로폴리스라는 단어가 아직도 유효한가?

미국의 사회학자 리처드 세넷Richard Sennett(1943~)은 민주주의를 목표로 하는 새로운 도시를 이렇게 정의했다. "다원적 민주주의는 아리스토텔레스Aristoteles(기원전 384~기원전 322)가 강조한 시노이키스모스synoikismos, 즉 종족 혹은 경제적 이해, 정치적 견해 간의 차이가 함께 어울리는 것을 의미한다. … 중앙집중화된 권력이 목표가 아니며, 서로의 차별성이 발전의 주체다. … 이 비전은 거대하고 집중적인 건물이 표현하는 상징보다는, 뒤범벅된 공동체 속에 여러 언어가 적층된 건축을 선호한다. … 다원적 민주주의의 형상은 도시를 표현하는 획일적 이미지를 철저히 부스러뜨린 결과이다."

단일 중심이나 위계질서가 아니라는 것, 획일적 규칙을 따르는 것이 아니라 복잡다단하며 추구하는 가치가 달라야 한다는 것, 그는 무려 2,300년 전 그리스 철인이 그렸던 도시가 지금 우리가 추구해야 할 사회라고 했다.

프랑스의 사회학자 프랑수아 아셰François Ascher(1946~2009)는 아예 새로운 도시 개념을 제안했다. 그는 『도시의 미래, 메타폴리스』Metapolis ou L'avenir des villes(1995)라는 책에서 성장과 팽창이 목적인 메트로폴리스가 아니라 지속과 연계의 가치를 지향하는 메타폴리스가 새로운 시대의 도시적 풍경이 되어야 한다고 주장했다. 여기서는 기능·효율·속도·결과보다는 관계·개념·느림·과정이 훨씬 중요하고, 개발이나 미래보다는 재생이나 현재가 더 귀중하다. 동시다발적이며 연대적이고 개인의 자유가 우선인 곳, 지리적 한계를 인터넷과 소셜미디어로 극복하는 곳이 그가 제안한 메타폴리스이며 우리가 지금까지 지녀온 도시에 대한 개념을 뛰어넘는 도시다.

그렇다면, 지리적 한계도 분명한, 평지가 아니어서 지형이 분명하여 지리적 한계를 가질 수밖에 없는, 이 땅의 도시들에 프랑수아 아셰의 개념을 적용할 수는 없을까? 나는 이를 '메타시티'Metacity라 이름하여 가지를 쳤다.

지리와 지형에 집착하는 메타시티이니 여기서는 기억과 전통을 중요시한다. 그러나 보편성은 또한 절대적 가치여서 변화와 진보를 두려워하지 않는다. 따라서 이곳에서는 우리가 살았던 터전을 깡그리 지우는 개발보다는 과거의 기억을 유지하는 재생이라는 단어가 적합하며, 외과수술을 하듯 전체를 바꾸는 마스터플랜보다는 부분적 환경 개선으로 주변에 영향을 주어 전체적인 변화를 이끄는 도시침술이 더 유용하고, 일시적 완성보다는 더디지만 많은 이들이 참여하여 만드는 생성과 변화의 과정이 소중하다. 한꺼번에 모든 것을 이루려 하지 않으며, 점진적이고 관찰적이어서 보다 사회적이고 인간적이다.

따라서 이 메타시티를 우리말로 옮기자면, 계급도시가 아

동대문 부근 동사무소 위치도. 서울시에서 복지 환경을 대폭 확대하기 위해 2015년부터 진행한 '찾아가는 동주민센터' 사업은 단순히 동사무소를 개수하는 일이나 복지 확대 차원에만 머물지 않는다. 2017년을 목표로 서울 시내 424개의 모든 동사무소를 지역별 특성을 갖는 거점인 커뮤니티센터로 만드는 이 일은 '10분 동네'의 완성이라는 성격을 가지고 있다. 10분 이내로 도달할 수 있는 지역 단위 하나하나가 모두 작은 서울이며, 이들을 연결하여 도시의 망을 구축하는 일은 다원적 민주주의 도시의 형상을 만드는 일과 같다. 이 사업이 물리적 환경의 완성에서 끝나지 않고, 주어진 시설에 기반한 도시생활의 프로그램이 지속적으로 작동되고 운영된다면, 우리는 메타시티의 실제 형상을 보게 될지도 모른다.

니라 인문도시이며 물질의 도시가 아니라 성찰의 도시다. 워낙 서양도시와 태생이 다른 우리의 도시들이니, 이제는 지배나 배척을 통한 팽창의 미망에서 벗어나 관계와 공존을 통해 우리 삶을 성찰하며 회복할 때인 까닭이다.

터무니 없는 도시,   8
터무니없는 사회

"인간은 거주함으로 존재하며, 거주는 건축을 통해 장소에 새겨진다."

— 하이데거

오래된 서양도시들, 예컨대 런던이나 파리, 빈이나 프랑크푸르트의 원도심은 2,000년 전인 팍스로마나Pax Romana 시절 로마군단의 주둔지였다. 이 도시들의 중심 지역인 시티 지역·시테 섬·그라벤·뢰머 광장 등이 카스트라라고 불린 로마군단 캠프가 설치되었던 곳이며, 군단 주둔이 장기화하면서 그곳을 중심으로 도시가 확장되어 오늘날 유럽의 중심도시로 성장하기에 이른다. 캠프의 중심 공간이었던 포로Foro, 이 광장을 직교하며 지나는 중심도로인 카르도Cardo, 데쿠마누스Decumanus 같은 공간은 이름은 바뀌었지만 지금도 그 흔적이 남아 이 도시들에 새겨진 장구한 시간의 깊이를 전하고 있다.

캠프라는 임시적 시설은 필요에 따라 쉽게 설치하고 해체해야 하므로 평활한 땅을 고르는 게 우선이다. 오늘날 대도시로 변모한, 캠프가 설치되었던 평지라는 지형은 결국 서양인이 지닌 전통적 도시 관념에 전제되어야 하는 조건으로 발전했다. 특히 르네상스 시대에 봇물처럼 쏟아진 이상도시 건설을 위한 각종 계획도를 보면 이 추측이 틀리지 않는다. 원형의 도상으로 된 르네상스 시대의 도시계획도는 그 모양이 조금씩 다르지만 모두가 같은 개념을 공유한다. 즉 주변의 환경을 적으로 간주해서 도시 둘레에 해자를 파고 외곽을 높은 성벽으로 두른 다음, 내부는 방사형이나 격자형의 가로망으로 정밀하게 조직하여 한가운데에는 그 도시의 영주가 사는 궁전을 둔다. 가운데에서 주변부로 갈수록 거주인의 계급 서열이 낮아지며, 중앙부는 건물이 서 있건 빈 광장으로 되어 있건 신분이 가장 높은 봉건영주를 상징하는 시설이다.

이 단일 중심의 계급적 봉건도시가 르네상스인이 열망한 유토피아였으며, 당시 전 유럽에 걸쳐 유행처럼 건설되었다. 물론 모두 평면으로 된 기하학적 도형이라 이를 실현하는 일은 지형이 복잡한 산지에서는 불가능하다. 그래서 르네상스 시대에 지은 계획도시는 군사 방어를 목적하는 도시 외에는 모두 평지에 세웠다. 기하 도형은 인간의 이성에서 먼저 창안되는 형상이어서 르네상스인은 땅을 보기 전에 먼저 도시의 형상에 대한 구상을 마쳤으며, 이를 실현하기 위해 찾아 나선 땅은 평면의 백지여야 했다.

이 평지 위에 세운 도시라는 개념은 현대에 들어와서도 변하지 않는 전통이 된다. 20세기 시대정신으로 나타난 모더니즘의 건축가들은 도시를 노동과 교통, 주거와 휴식이라는 큰 분류로 나누고, 전체 땅을 주거·상업·공업 지역 등 용도로 평면 분할하는 마스터플랜이라는 도시계획도를 그렸다.

산업과 경제가 정치와 종교를 대체하는 권력으로 떠오른 이 계획은 20세기 모든 신도시의 교본이었다. 기능과 효율이 최고 가치였으니 빠른 동선, 빈틈없는 공간 활용이 계획의 기준이었고, 평지를 신도시의 대상지로 선택하는 일은 당연히 우선순위였다. 도시인구의 폭발적 증가와 함께 수없이 많은 신도시들이 이렇게 만들어졌다. 이 도시들이 만들어진 후 환경 파괴, 도시오염, 빈부 격차, 도시범죄 등이 폭증하자 많은 도시 사회학자들이 앞다투어 이 계급적이고 계량적인 신도시들을 비판했다. 미래 세계의 완벽한 주거 환경이라고 찬사를 받았던 프루이트아이고가 지어진 지 17년 만인 1972년, 도시범죄의 온상이라는 오명을 쓰고 단지 전체가 폭파되고서야 마스터플랜으로 신도시를 만드는 일이 서양에서는 중단되었고 모더니즘도 종말을 고하고 말았다.

그럼에도 불구하고 땅과 무관한 도시 만들기의 꿈을 그들은 멈추지 않았다. 20세기 말까지 서양인들이 제시한 미래 도시는 때로는 하늘을 배경으로 나타났으며, 가끔은 황폐한 땅 위에 있는 거대 구조의 인공 환경에서 살기를 제안했다. 아키그램Archigram이라는 집단이 제안한 도시를 보면 거대한 기계나 공장처럼 땅의 조건과는 관련 없는 완벽한 인공 구조물 속에서 인간의 삶이 이루어지고 있다.

물론 이런 부류의 도시들은 도면으로만 남고 실현되지 않았지만 부분적으로나마 실현된 곳이 있으니, 내 생각으로는 두바이다. 두바이는 몇 년 전까지만 해도 우리나라 대통령과 지방자치단체장들이 앞다투어 벤치마킹한 도시다. 야자수 모양의 인공 섬을 만들고 구름 문양의 환상적 도시 구조를 가진 두바이의 땅은 본래 사막이다. 바람이 불면 아무 흔적도 남지 않는 이 불모의 땅에서는 어떤 그림을 그린들 아무 상관이 없

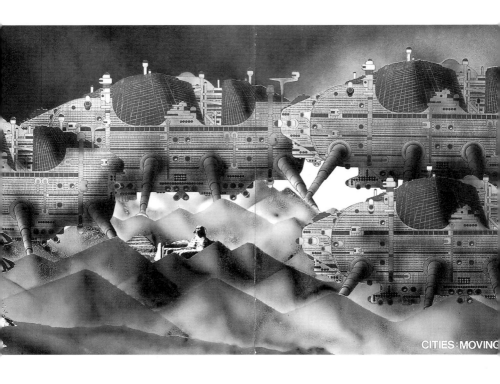

CITIES : MOVING

아키그램의 워킹시티 The Walking City.

다. 언젠가 도시가 수명을 다하면 다시 사막으로 돌아갈 수밖에 없는 이런 곳은 우리가 본받을 수 있는 땅이 아니다.

김정호金正浩(?~?)가 그린 〈대동여지도〉大東輿地圖를 보라. 그 지도 속 우리의 땅은 산과 계곡이 분명하며 물길과 양지바른 터가 아름다운 무늬처럼 새겨져 있는 곳이다. 이 터에 새겨진 무늬가 바로 '터무늬'이니, 이 단어는 우리의 존재와 이유가 모두 터에 있다고 믿은 우리 선조의 관념어이다. 하이데거가 땅과 관련한 인간 존재에 대한 깨달음을 얻기 훨씬 전부터 우리 선조는 이를 지각하고 있었던 게다.

그러나 지난 시대 우리는 서양화를 근대화로 착각하며 서양식 도시를 흉내 내고자 서양에서 폐기된 마스터플랜을 가져와 우리 땅에 앉혔다. 국토의 70퍼센트가 산지인 우리 땅에서 평지는 귀한 경작지이므로 신도시를 위한 마스터플랜을 실현하기 위해서 산이 있으면 깎고 계곡은 메우고 물길은 돌려야 했다. 엄청난 토목공사를 일으켜 신기루 같은 신도시가 이곳저곳에 나타났다. 모두가 터에 새겨진 무늬를 깡그리 지운 결과여서 이른바 터무니 없는 도시였다. 특히 아파트가 그러했다. 지형을 바꾸면서 지은 집들이니 터무니 없는 집이며, 아파트에 사는 사람들은 그래서 터무니없는 삶을 살 수밖에 없다는 게 말장난일 뿐일까?

모든 땅은 고유하다. 적어도 위도와 경도가 다르다. 땅마다 자연이 새긴 무늬가 다르고 그 위에서 우리 삶을 영위하며 나는 '터무니'를 한자로 바꾸어 '지문'地文이라 하고 내가 설계하는 건축의 주제어로 삼았다. 천문天文도 있고 인문人文도 있는데 지문이 없을 수 없다. 영어로도 단어를 만들어 '랜드스크립트'Landscript라고 했다. 사실 영어에는 지문과 비슷한 내용의 단어로 '팰림세스트'palimpsest가 있다. 구하기 힘든 양피지에 경전을 필사하던 시절, 이미 쓴 양피지를 재사용하여 다시 쓰면 먼저 쓴 글자가 희미하게 보였는데 팰림세스트는 이러한 필사경전을 뜻하는 용어다. 이 용어를 차용한 팰림세스트 건축palimpsest architecture은 옛 건축이나 그 속에서 쌓인 삶의 기억이 부분적이라도 새로운 건축에 남아 있는 건축을 의미한다.

새긴 무늬도 달라 모든 땅은 다 다른 이야기를 담고 있다. 어쩌면 땅은 그 스스로 어떤 건축이 되고 싶은지 어떤 도시가 되어야 하는지 이야기하고 있는지도 모른다. 내가 믿기로는 모름지기 좋은 건축가, 좋은 도시계획가는 땅이 하는 이야기를 들을 수 있는 이이며 좋은 건축, 좋은 도시란 그 터가 가진 무늬에 새로운 무늬를 덧대어 지난 시절의 무늬와 함께 그 결이 더욱 깊어 가는 곳일 게다. 그게 터무니 있는 건축이며 그러함으로 터무니 있는 삶이 생겨난다.

요즘, 우리 사회 도처에서 왜 이토록 터무니없는 일이 벌어질까? 사회가 도시를 만들지만 그 도시가 또한 사회를 만든다는 명제에 동의한다면, 우리가 지난 시대에 잘못 만든 터무니 없는 도시 때문 아닐까.

유토피아,
디스토피아 그리고
헤테로토피아

'이상향'으로 번역하는 '유토피아'^{Utopia}라는 단어는 토머스 모어^{Thomas More(1478~1535)}가 1516년에 출간한 소설책의 제목이다. 그는 그리스어 두 단어를 합성해서 이를 만들었는데, 그 뜻이 이중적이다. 'Topia'는 장소, 땅이라는 분명한 뜻을 갖지만 'U'는 뜻이 모호하다. 그리스어 'eu', 'ou'는 둘 다 '유'로 발음되는데, 'eu'는 '좋다'라는 뜻이며 'ou'는 '아니다'라는 뜻이라서 'e'와 'o'를 빼고 그냥 'u-topia'라고 하면, 좋기는 좋은데 이 세상에 없는 곳이라는 말이 된다. 즉 상상할 수는 있지만 현실 세계에 존재할 수 없는 도시가 유토피아인 셈이다.

이 책 속에는 유토피아를 그린 그림이 있다. 그림 속 유토피아는 위쪽에 그려진 육지로부터 떨어진 섬이어서 이곳을 가려면 배를 탈 수밖에 없는데 입구는 하나뿐이다. 모든 출입을 감시하는 망루가 섬의 입구에 솟아 있고, 이를 통과하면 다시 전체를 두르는 해자가 있어 내부로 접근하기 쉽지 않다. 여기에다 곳곳에 설치된 감시탑을 피해 겨우 들어간 섬의 가운데에는 이 땅을 다스리는 영주의 성채가 있다. 바로 한 사람의 지배와 감시를 거쳐 안전을 담보받는 세계, 그게 유토피아의 모습이다.

르네상스 시대 유행처럼 번진 이상도시 건설의 열망을 비판하기 위해 쓴 책이었으나 이 책은 오히려 도시 건설의 시대적 이론이 되어, 유토피아를 구현하려는 신도시들이 북부 아프리카에서 스칸디나비아에 이르기까지 유럽 전역에 세워졌다. 그 도시들은 하나같이 단일 중심의 구조로, 둘레에는 높은 성벽을 쌓고 그 밖으로 해자를 깊게 파서 철저히 외부를 차단한 배타적 모습이었다. 근대화 과정에서 견고한 성벽은 허물어졌지만, 단일 중심의 도시 구조는 지금도 남아 독존의 세계를 꿈꾼 것을 증거證據하고 있다.

르네상스 이후에도 이 유토피아의 꿈은 변하지 않는다. 시대마다 새로운 삶을 꿈꾸며 등장한 신도시 모두가 이상 세계를 동경한 것이었으며, 마스터플랜이라는 현대의 도시계획 수법도 유토피아의 실현을 목표로 한 것이다. 그렇게 실현한 유토피아의 사회가 그야말로 이상향이었을까? 유감스럽게도 그런 적이 한 번도 없었다. 범죄는 잘 계획된 도시에서 오히려 더욱 많아졌고, 갈등과 대립은 도시의 전형적인 문제가 되었다.

유토피아에 반대되는 말이 있다. '지옥향' 혹은 '암흑향'으로 번역하는 '디스토피아'Dystopia라는 단어다. 올더스 헉슬리 Aldous Huxley(1894~1963)의 『멋진 신세계』Brave New World(1932)나 조지 오웰George Orwell(1903~1950)의 『1984』Nineteen Eighty-Four(1949) 같은 소설에 그려진, 비극적 종말을 맞이할 수밖에 없도록 철저히 통제된 사회가 디스토피아다.

외부와 소통되지 않는 이 디스토피아의 세계 역시 애초에는 유토피아를 꿈꾼 사회였으니, 결국 디스토피아는 유토피아와 같은 뜻이라는 데 주목할 필요가 있다. 똑같이 폐쇄적 공

1516년 출간한 토머스 모어의
『유토피아』에 실린 그림.

동체인 까닭이다.

실현될 수 없는 유토피아의 개념을 현실에 끌어들인 이가 있었다. 프랑스의 철학자 미셸 푸코Michel Foucault(1926~1984)다. 그는 '헤테로토피아'Heterotopia라는 특별한 단어를 소개하며 도시공간에 대한 인식을 넓히고 새롭게 했다. 예를 들어, 어린이들이 부모 몰래 숨고 싶어 찾는 2층 다락방 같은 공간, 신혼의 달콤한 꿈을 꾸는 여행지, 일상으로부터 탈출한 듯한 카니발의 세계나 놀이공원 같은 공간이 실제화된 유토피아인데 이를 헤테로토피아라고 이름하였다.

그러고 보면 우리 주변에 헤테로토피아적 공간과 시설이 대단히 많다. 일상의 피로를 보상하는 듯한 노래방이나 디스코텍, 공연장이나 전시장, 심지어 박물관이나 공원도 그 범주에 들어갈 게다. 이런 공간은 도시에 활력을 부른다. 이 시설들에 공통된 특징은 그 속에서의 활동이 늘 일시적이라는 것이다. 상상해보시라. 그런 공간에서 평생을 보내는 이가 있다면 그 공간은 그에게 결코 유토피아가 되지 못한다. 그러니 헤테로토피아는 한시적으로 유효한 유토피아이며 그러함으로 일상의 도시공간에서 유용한 존재 가치를 가진다.

문제는 이 한시적이어야 할 헤테로토피아가 영구적 유토피아를 꿈꾸면 비극이 된다는 것이다. 그 대표적인 사례가 우리 도시의 한가운데 있는 아파트다. 고층의 집합주택은 로마

시대에도 있었을 정도로 아파트의 역사는 오래고, 이제는 어느 도시에서나 볼 수 있는 세계 공통의 주거 형식이다. 그러나 우리 땅에 세워진 아파트는 어디에서도 볼 수 없는 특별한 형식을 띠는데 바로 '단지'라는 개념 때문이다. 이 땅의 아파트는 그 세대수가 얼마이든지 들어서기만 하면 그 둘레에 울타리를 치고 주변과 관계를 단절시키는 단지가 된다. 이 단지 속에는 그네들만을 위한 길(아파트 단지 내의 도로는 일반 도로가 아니니 도로교통법을 적용받지도 않는다)을 비롯해 놀이터와 공원과 상가, 유치원과 학교, 마을회관과 행정조직까지 두어 자치적 공동체를 염원한다.

환상적인 조감도 위에 '래미안', '힐스테이트' 등 영어 단어를 조작한 듯한 이름을 붙이고 몽환을 꾸게 하는 이 독존적 조직, 불과 몇 개의 출입구로 출입을 통제하는 그네들만의 이 낙원을 도시의 일반 도로는 가로질러 통과할 수 없다. 그냥 둘러서 지나야 하니 아파트 단지는 도시 속의 섬이 되고야 만다. 이런 섬이 하나만 있는 게 아니다. 마치 군도처럼 도시 곳곳에 둥둥 떠 있는 이 섬들은 자기들끼리 부동산 가치를 놓고 늘 대립하는 적대적 공동체다.

더구나 지난 시대 우리가 지어온 아파트는 사실상 정치권력과 자본권력이 야합한 결과 아닌가? 정치가가 몇 채를 짓겠다고 공약하고 건설자본은 이를 뒷받침하여 임기 내에 졸속으로 지어댔으나 어디에도 우리 공동체의 삶을 위한 담론이 없었고 건축의 시대적 정신도 없었다. 오로지 고립된 부동산

2016년 가을 중국의 한 개발 회사가 하이난 섬 인근에 인공 섬을 조성하고 생태관광도시를 주제로 지명 국제현상공모를 개최하였다. 열 개 팀 중의 하나로 지명받은 나는, 에코헤테로토피아 Eco-Heterotopia라는 제목으로 열두 개의 기존 도시패턴을 찾아 이를 인공 섬에서 재구성하여 일시적 거주자들을 위한 단기적 이상도시를 계획하였다.

공동체로 나타난 이 아파트 단지는 분별없는 헤테로토피아인 것이다.

얼마 전 한 아파트 단지에서 경비원으로 일하던 우리의 이웃이, 주민으로부터 먹다 남은 음식물을 받은 모멸감을 끝내 참지 못하고 목숨을 끊었다. 그곳에서는 그런 식의 비인간적 행위가 거듭되어왔다고 했다.

낙원의 삶을 만끽하는 단지의 거주자에게 경비원은 이웃이 아니었으니 폐쇄적 낙원에 소속될 수 없는 그의 인간적 존엄은 웃기는 단어였다. 이 일이 하나의 극단적 사건이라고? 그렇게 여길 수도 있을 게다. 그러나 이는 단지라는 울타리를 가지는 한 늘 잠재되어 있는 비극이며, 단지는 폐쇄된 공동체들의 역사에서 보듯 늘 디스토피아의 결말을 가진다. 단지를 해체하라.

성찰적
풍경

10

도시에 대한 생각이 특별했던 철학자 발터 벤야민Walter Benjamin
(1892~1940). 그는 특히 아케이드arcade라는 공간으로 나타난 파리
의 근대적 상업가로街路 풍경에 꽂혀, 나치를 피해 미국으로 망
명하라는 친지들의 간곡한 조언에도 지체하다, 나치의 파리
침공 소식을 듣고서야 황급히 피레네 산맥을 넘는다. 그러나
중립적이던 프랑코Francisco Franco(1892~1975) 정부가 나치의 추적
을 받는 그의 입국을 거부했다. 그 상황이 절망적이라 여긴 그
는 국경 마을 포르트부의 여관방에서 다량의 모르핀을 복용하
고 목숨을 끊었다.

그가 죽은 지 50년이 지난 1990년, 벤야민을 기념하는 시
설이 이스라엘 조각가 다니 카라반Dani Karavan(1930~)에 의해 포
르트부 해안가 절벽 위에 세워져 〈통로〉passage라고 이름하였
다. 벤야민의 미완성 원고 『파사젠베르크』Das Passagen-Werk(1982)
에서 그 이름을 인용한 이 추념비는, 철로 만든 사각의 통로가
땅에 꽂혀 절벽을 관통하여 바다를 향해 떨어지는 충격적 모
습으로 벤야민의 절박함을 현현하였다.

"문명의 기록은 야만의 기록 없이 결코 존재하지 않는다."

자신의 글귀를 새긴 묘비가 있는 벤야민의 묘는 이 기념
비 바로 곁의 공동묘지에 있다.

포르트부 마을묘지의 풍경 또한 예사롭지 않다. 바다를
향한 테라스하우스 같은 묘지들과 그 사이에 놓인 길과 마당

발터 벤야민이 묻힌 포르트부의 마을묘지와 그의 기념비 〈통로〉.

이 이룬 작은 마을의 모습은 그것으로 평화다. 독일어로 묘역을 '평화의 마을'Friedhof이라고 했던가······.

그리고 이 포르트부 해변을 따라 프랑스 국경을 지나서 이내 만나는 항구도시 세트는 폴 발레리Paul Valéry(1871~1945)의 고향이다. 20세가 되기 전에 이미 주옥같은 시를 발표하여 무척 각광받았지만, 스승 말라르메Stéphane Mallarmé(1842~1898)의 죽음 이후 절필하고 철학적 사유에만 탐닉하는 오랜 기간을 거쳐 40대 중반에 이르러서야 다시 시인으로 돌아와 쓴「해변의 묘지」Le Cimetière marin.

"이 고요한 지붕, 비둘기 노니는 곳 / 소나무들 사이에서, 무덤들 사이에서 일렁이는데 / 불꽃으로 이뤄지는 바로 그 한낮 / 바다는, 바다는 늘 다시 시작하고 / 오, 이 사유의 대가 / 신들의 정적 위에 오래 머무는 시선이여! // ··· // 바람이 인다!······ 살아야 한다!"

지식인으로서 치열하고도 명징한 삶을 갈망하며 스물네 연의 시로 서술한 풍경이 세트의 마을 공동묘역인 마랭 묘지이고, 바로 '해변의 묘지'다. 그 내용이 난해하다 해도 내 젊은 시절 이 시로 나는 얼마나 위안을 얻었던가······.

그런데, 이 묘역에 누운 발레리의 석관 앞에서 바다를 내려다본 순간, 그 난해하던「해변의 묘지」가 단박에 이해되어 눈앞에 펼쳐졌다. 그 시는, 죽은 자들이 모인 이 마랭 묘지의 풍경에 대한 기록이었고 스스로도 여기에 묻혀야 할 것을 안

발레리가 마주한 남은 삶에 대한 절박한 선언이었던 것이다.

세트에서 지중해변의 절경을 동쪽으로 따라가다가 국경 근처에서 만나는 로크브륀의 마을묘지에는 르 코르뷔지에가 누워 있다. 1950년대 누구도 넘보지 못하는 세기의 거장이 된 그가 마을 밑 카프마르탱 해변에 불과 네 평 크기의 통나무집을 짓는다. 그 안에는 일상의 삶을 지낼 수 있는 최소한의 시설뿐이었지만, 수많은 건축으로 20세기 거주 환경과 시대정신을 바꾼 이 위대한 건축가는 지극히 작은 그 집에서 아내와 함께 자유하며 살았다.

그러다 아내가 세상을 떠나자 마을묘지 안에 아주 작은 묘를 디자인하고 아내를 묻었는데, 8년 후 마을 앞 지중해 속에서 그도 운명하고 말았다. 프랑스 정부는 폴 발레리처럼 국장의 의식으로 르 코르뷔지에의 마지막 행로에 경의를 표했다. 루브르궁에서 거행된 성대한 장례 후, 그는 다시 로크브륀 묘지의 아내에게 돌아와 곁에 누웠다.

그의 건축에는 늘 수평선이 있다. 묘역 한편에 놓인 르 코르뷔지에의 작은 묘 앞에 서면, 지중해의 수평선이 배경으로 펼쳐진다. 묘석은 수평선 위에 놓여 지중해의 햇살로 빛난다. "건축은 빛 속에 빚어진 매스Mass의 장엄한 유희"라는 그의 명제가 실현된 걸까?

바르셀로나에서 시작하여 묘지를 찾아 떠나는 이 기행은,

묘지가 죽은 자의 시설이 아니라 죽은 자의 도시임을 알기 위해 베네치아로 향해야 한다. 지중해변에서 베네치아로 가는 길에 제노바를 들러 유럽 최대의 공동묘지인 스타리에노 묘지를 방문하고, 특히 '건축가가 된 시인'이라 불리는 알도 로시 Aldo Rossi(1931~1997)가 설계한 모데나의 산카탈도 공동묘지도 될 수 있으면 들르는 게 좋다. 도시적 구성을 하고 있는 모데나의 공동묘지에서는 마치 키리코 Giorgio de Chirico(1888~1978)의 그림처럼 초현실적인 풍경이 전개된다. 길이를 알 수 없는 긴 회랑을 가진 집과 층수를 알 수 없는 높은 집, 크기가 도무지 가늠이 되지 않는 넓은 뜰, 모두가 납골의 시설이지만 죽음과 삶은 여기서 극적으로 조우한다.

죽음은 도대체 무엇인가? 답이 있을 수 없는 질문을 안고 베네치아로 가면, 이곳의 본本섬과 무라노 섬 사이에 있는 사이프러스나무 가득한 산미켈레 섬에 들러야 한다. 원래는 수도원이 있었으며 한때는 감옥으로도 사용된 이 섬은 19세기 초 공동묘지로 조성된 이래 베네치아인들 최후의 거주지가 되었다. 에즈라 파운드 Ezra Pound(1885~1972)와 이고르 스트라빈스키 Igor Stravinsky(1882~1971)도 묻힌 여기에는 도시생활에 필요한 모든 시설이 망라되어 있다. 무덤이지만 각종 형식의 주거시설이 있고, 광장과 길도 여느 도시와 다를 바 없다. 심지어 빈자와 부자를 나눈 동네도 있다. 건축의 형식으로는 여기서 죽음과 삶을 구분하지 못한다.

명왕성의 영어 이름인 플루토 Pluto는 저승의 세계다. 그 앞에는 망각의 강이 흐른다. 이 강을 건너려면 카론Charon이 모는 배를 타야 한다. 죽은 자의 도시 산미켈레에 오는 베네치아의 망자는 반드시 배를 탄다. 망각의 바다를 건너는 듯, 죽은 자가 검은 배를 타고 오늘도 물결을 가르며 영원한 거주를 위해 여기에 당도하는 풍경. 이 풍경을 마주한다면, 당신은 결단코 그날 밤을 그냥 보낼 수 없다. 더욱이 그때가 정월이라면, 당신을 붙든 욕망의 찌꺼기를 아드리아의 물 위를 배회하는 짙은 안개 속에 기꺼이 벗어던져야 한다. 가거라, 운명이여…….

묘역은 사실 죽은 자를 위한 장소가 아니다. 인간은 육체와 영혼으로 구성되는데, 살과 뼈로 된 몸은 주검이 되어 묘지에 묻히고 결국은 소멸하여 존재하지 않게 된다. 마음이나 감정을 좌우하는 혼魂도 육체의 죽음과 함께 사라진다. 더구나 육체의 안과 밖을 넘나드는 영靈은 본디 자유로운 존재여서, 거주할 육체가 죽으면 다른 세계로 갈 수밖에 없으니 그 영도 묘지에 있지 않다. 지혜로운 인디언은 「천 개의 바람」A Thousand Winds을 이렇게 노래한다.

내 무덤 앞에서 울지 마오
나는 거기 있는 게 아니라오, 나는 잠들지 않는다오
나는 숨결처럼 흩날리는 천의 바람이라오
나는 눈 위에 반짝이는 다이아몬드라오
나는 무르익은 곡식 비추는 햇빛이라오

나는 부드러운 가을비라오

당신이 아침의 고요 속에 깨어날 때

나는 하늘을 맴도는 조용한 새처럼 비상한다오

나는 밤하늘에 비치는 온화한 별이라오

내 무덤 앞에 서서 울지 마오

나는 거기 있는 게 아니라오, 나는 죽지 않는다오

그렇다. 묘역에는 죽은 자가 있는 게 아니라 죽은 자에 대한 우리의 기억이 거주할 뿐이다. 그러니 묘역은 죽은 자의 공간이 아니라 남은 우리 산 자가 죽은 자를 기억하며 스스로를 성찰하는 장소며 풍경이다. 그래서 묘역을 찾는 일, 묘지를 가까이 두는 일은 우리 삶의 진정성을 담보하는 일이 된다.

내가 아는 한, 아름다운 풍경 속에 우리의 진정한 삶을 끝없이 사유하게 하는 죽은 자의 도시 기행, 이 지중해변 루트는 최고의 여행길이다. 사실 나는 시간이 나면 이 성찰적 풍경을 찾아 적지 않게 떠났다. 특히 2014년 우리 삶의 방식을 탐구할 목적으로 '거주'라는 큰 주제를 놓고 여러 건축가와 학자가 모여 정기 강의와 토론을 시작했을 때, 죽은 자들의 거주 방식도 간과할 수 없는 우리 삶의 모습이라는 데 의견이 일치하여 이를 현장에서 논의하기로 하고 몇몇이 같이 떠났다.

바로 그에 앞서 세월호의 비극이 있었다. 이 비극이 너무도 슬프고 아파서 여럿이 우르르 떠나는 걸음이 가벼울 수 없

1866년에 순교한 복자 신석복申錫福(1828~1866) 마르코를 기념하여 그의 출생지에 조성되는 밀양 명례성지. 한 소금 장수가 서른여덟 살의 나이에 죽음을 무릅쓰고 지키려 한 신념은 어디에서 비롯되었을까? 혹시, 그가 태어나 자란 이 땅, 낙동강변 야트막하게 솟은 아름다운 풍경 속에 그 진실이 있을까 두려워 전체 언덕을 염하듯 만지면서 설계한 프로젝트였다. 오래전에 지은 조그만 한옥 성당을 유일한 오브제로 남기고, 보통은 성당 내부의 액자에 가두는 14처 십자가의 길을 이 땅에 있었던 집들의 필지들을 통해 장소화하고 이들을 엮어서 전체 언덕을 회유하는 풍경으로 만들었다. 새롭게 지어야 하는 기념 성당은 낙동강변 절벽 속에 들어가 그 일부가 되게 했다. 성찰적 풍경, 그렇게 되길 소망한다.

었다. 다만, "문명의 기록은 야만의 기록 없이 결코 존재하지 않는다"라는 벤야민의 묘비에 새겨져 있는 글을 다시 읽고자, 그래서 이 시린 시대를 사는 험한 꼴을 위로받고자 갔다. 그러나 희망은 성공하지 못했다. 세월호는 너무도 아팠던 것이다.

세월호의 국가,
그네들의 정부
그리고 우리들의 도시

11

불과 몇 시간 전에는 살아 있었다니……. 세월호가 우리 시대의 참극으로 확인되었을 때, 나만 그렇지 않았을 게다. 마음이 하도 먹먹하여 어떤 일에도 집중하지 못한 채 며칠을 마냥 서성거리고만 있었다. 길거리를 지나는 아이들을 볼 때마다 미안하고 죄스러웠다.

이 참극을 이끈 형편없는 국가를 만드는 데 틀림없이 일조한 기성세대의 일인이라는 자괴가 한없이 일었다. 부실과 부정, 무책임과 무능함의 총체로 등장한 기성권력이 어린 학생들을 집단 학살한 것이다. 어처구니없는 폭력. 보이지 않았지만 이 잔인한 폭력은 언제든 행사할 준비를 하고 있었는데, 국가는 이를 방조하였고 우리는 오래전부터 묵인하고 있었던 것이다. 방조가 아니라고? 그러면 우리 국가가 그토록 무능한 것이다. 정확히 말하면 무능한 건 국가가 아니라 박근혜 정부라고 해야 옳다. 국가의 사무를 위임받았으나 영광만 즐기고 책무는 팽개친 이 어설픈 조직을 질타하고 바꿔야 하는데, 스스로 무능을 고해야 마땅할 정부는 오히려 국가를 개조하자고 했다.

국가와 정부, 이 둘 사이의 관계를 20세기 초에 활동한 중국의 사상가 량치차오梁啓超(1873~1929)는 이렇게 정의했다. "국가는 국민에게 이익을 주고 보호하는 영원한 선이며, 정부는 국가의 도구로서 국가의 가치에 충실한 한 존재 의의를 갖는다." 국민을 보호하지 못하는 정부는 존재하지 않아야 한다는 말이

세월호 비극이 남긴
단원고의 교실 풍경.

니 백번 옳은 말이며, 국가는 개조의 대상이 아니라는 것이다. 그러니 이 정부가 국가를 개조하자고 한 말은 틀린 말이다.

의문이 하나 생긴다. 국가가 영원한 선이라니……. 반국가 사범은 악이어서 중죄로 다스렸던가. 그럴 정도로 국가는 절대적 존재일까? 예컨대 지난 1997년 IMF외환위기와 2008년 금융위기에서 국가는 속수무책이었다. 멀고도 먼 미국의 월Wall가에서 두드리는 컴퓨터 자판에 의해 우리 국민이 재정 파탄에 빠지는 것은 불가항력의 사태였다. 국가가 아무리 원해도 국민을 보호할 수 없었으니 량치차오의 국가론이 의문스럽지 아니한가?

국가, 지방, 지역, 구역, 개인 등 영역을 지칭하는 개념은 통치에 근거한 분류다. 우리가 사는 거주 환경도 명령 수발 체계가 원활히 작동되도록 조성되어왔다. 중앙으로부터 대로·중로·소로를 지나 골목길과 현관 및 복도에 이르는 동선은 계급적 배분에 의한 것이다. 국가와 도시의 상징축을 만들고 용도와 기능별로 땅을 갈라 용적률이나 건폐율 등으로 차별하는 것도 도시를 영토의 개념으로 파악한 결과다. 이런 도시에서는 정보가 독점되고 단일 창구에서만 흘러 전제적 통치가 가능하다. 그게 근대 이전의 국가였고, 도시였다.

그러나 지금의 스마트 환경 시대, 모든 정보가 동시에 모두에게 전달되고 공유되는 시스템을 갖춘 이 시대에, 전근대적 공간이 우리에게 도무지 맞을 리가 없다. 그런데도 새로 계획하여 발표하는 도시 정책이나 비전은 여전히 구태의연하다.

그런 시대착오를 비웃는 현상들은 이미 오래전부터 우리 주변에 등장해 있다. 이를테면 방의 등장이다. 노래방, 찜질방, 빨래방, 게임방, 심지어는 야릇한 분위기를 풍기는 귀청소방까지, 가장 은밀하던 개인의 공간이 도시 한가운데 불쑥 나타난 것이다. 공공영역에 이르려면 거쳐야 하던 여러 단계를 건너뛰어 개인과 공공이 맞부딪친 도시, 개인의 공간을 모두가 공유하게 된 이 풍경은 전통적 도시공간의 개념으로는 설명할 수 없어 해석이 필요했다. 지난 2004년 베니스비엔날레의 한국관 커미셔너였던 건축가 정기용은 이를 '방의 도시'라고 이름하고, 이 현상을 '현재화된 미래'로서 정보화 시대 한국의 도시 풍경으로 전시하여 세계의 주목을 끈 바 있다.

도시와 농촌의 관계도 수상해졌다. 농촌은 원래 도시의 요구에 의해 만들어졌다. 즉 도시생활에 필요한 물자를 공급하기 위해 그 기능과 성격이 부여된 공동체였으며, 간혹 도시생활에 피로를 느끼는 도시민이 주말에 들러 쉬는 곳이었다. 평일 다섯 날은 도시에서, 주말 이틀은 농촌에서 보내는 소위 5도2촌의 삶의 방식은 여유 있는 도시민의 일상이며 행복이었고, 그런 도시민의 부에 의지하는 농촌은 도시와 늘 종적 관계에 있었다. 그런데 초고속정보시스템이 재택근무나 직주일체職住一體 같은 새로운 직무 형태를 가능케 하여, 아예 물 맑고 공기 좋은 농촌에 살면서 오히려 주말에 도시로 나와 영화나 공연을 즐기는 5촌2도의 생활패턴이 생겼다. 아예 도시농업을 제창하고 구체적으로 실현하는 일까지 등장하여, 도시의 광장에 벼를 심기도 하고 도시의 빈 땅을 공동으로 경작하기도 한다. 급기야 도시Urban나 농촌Rural이 아니라 '러번'Rurban이라 부르는 도농복합 공동체가 새롭게 등장했으니, 농촌의 반대편에 도시가 있다는 전통적 분류는 이미 철 지난 관념이라는 뜻이다.

이런 삶을 가능하게 한 것은 무엇보다도 온라인 네트워크의 힘이다. 컴퓨터와 인터넷으로 형성된 네트워크의 사회는 전통적 정보 전달 체계를 완벽히 무너뜨렸다. 이제 누구나 어디서나 특별한 사회를 만들기도 하고, 공유하면서 소속되기도 한다. 2015년 바르셀로나의 도시와 건축을 총괄하는 시정건축가 비센테 과야르트Vicente Guallart(1963~)가 내한하여 현대 도시의 변화에 대해 흥미진진한 이야기를 나누던 중, 그가 국제연합UN의 한계를 극복하는 도시연합체UC 결성을 시도하고 있는 것을 알게 되었다. 서울도 가입하기를 권유했다. 그가 쓴 『자족적 도시』Self-Sufficient City(2010)라는 책에서는, 인터넷이 우리의 삶을 바꾸었는데도 도시는 아직 바뀌지 않았다고 하며, 국가라는 '영역'보다는 도시라는 '네트워크'로 세계가 재편되어야 한다고 했다. 물론 주체는 시민이며, 자족하며 공유하는 도시여야 한다는 것이다. 연대의 중요성에 대한 역설이었다.

먼바다에서 돌아오지 못한 어린 학생들로 더없이 슬프지

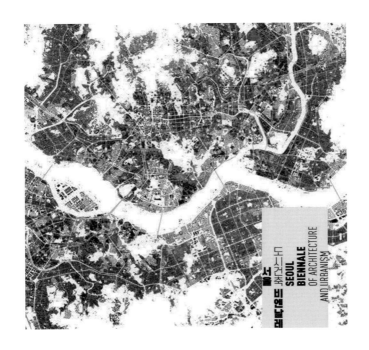

나는 도시의 역할이 어느 때보다 중요해진 이 시대, 도시에서 보다 나은 삶을 구축하기 위한 논의 구조를 만들고자 '서울도시건축비엔날레' 창설을 주창하였다. 2017년 가을, 그 첫 번째 비엔날레가 개최된다.

만, 그 못지않게 가슴 먹먹한 게 있었다. 유족들. 극심한 슬픔을 속으로 꾹꾹 눌러 삼키며 지극히 절제하는 그 모습이 더욱 더 슬프고 숙연하여 존경스러웠다. 그리고, 이들의 슬픔을 나누기 위하여 생업을 뒤로하고 달려가 서로를 부둥켜안는 이웃들의 아름다운 헌신. 그들은 사고 현장에서, 팽목항에서, 체육관에서, 각지의 분향소에서, 성찰하기 위해 모인 집회장에서 침묵 속에 나누고 배려하며 절제하고, 겸손으로 슬픔을 공유하는 풍경을 펼쳤다. 외신들이 감동의 기사를 쓸 정도로 더없이 아름다운 공유의 사회를 형성한 것이다.

그러나 우리 국가와 정부는 이 공유의 사회에서 너무도 멀리 있었다. 국가는 유족들에게 아무 도움을 주지 못하며, 이 시대적 비극을 수학여행 가다 교통사고 난 것으로 여기고 싶어 하는 정부는 참상의 진실을 밝히기를 지극히 싫어하고 있다는 사실도 알게 되었다. '국가는 국민을 보호하는 영원한 선'이라는 선언이 이제는 낡은 구호이며, 정부가 그네들의 조직 유지에만 존재 가치를 두고 있다는 것을 확인한 이상, 우리를 지키는 것은 우리 자신일 수밖에 없다. 우리 자신만으로는 힘이 없으니 서로 연대해야 한다. 이러한 연대가 이루어지는 사회가 공유도시며, 이를 이룰 다짐만이 아프고 시린 시대를 이겨내는 힘이 된다. 그리고 진실은 때가 되면 스스로를 드러낸다는 사실도 우리는 알고 있다.

침묵의
도시

12

이곳저곳 다른 땅 위에 사는 서로 다른 이들의 집을 설계해야 하는 건축가에게 여행은 필수적일 수밖에 없다. 더구나 땅을 보지 않으면 도무지 아무 생각이 나지 않는 나로서는 더더욱 필요한 일이다. 굳이 설계와 직접 관계가 없다 해도 가끔 다른 곳에서 사는 이들의 모습을 보는 일은 다른 사람의 삶을 조직하는 일이 건축 설계인 한, 건축가에게는 대단히 중요하다.

그중에서도 수도원이나 묘지를 찾아 떠나는 일은 나에게 만사를 제쳐놓고 가게 하는 발걸음이다. 스스로 추방당한 이들 혹은 한 인생의 모든 여정을 마치고 삶의 경계 밖에 누운 이들로부터 다시 깨우침을 얻고 그것으로 또 새롭게 시작하게 하는 계기도 되지만, 그들이 모여 누워 있는 풍경은 그 자체로 아름답고 경건하여 세속에서 만신창이가 된 내 몸과 마음이 큰 위로를 받는다.

몇 년 전 지인들과 유럽의 묘지들을 두루 살피러 떠났다고 앞서 밝힌 바 있다. 동행하는 이들을 위해 여러 참고 자료를 담은 여행 가이드북을 발간하여 배포하는 것도 내가 즐겨하는 일인데, 그 당시 가이드북의 제목을 『죽은 자들의 도시, 그 풍경 기행』으로 달았다.

이 작은 책자에 나온 여행길은 바르셀로나의 몬주익에서 지중해를 향해 있는 공동묘지를 기점으로 하는데, 요절한 건축가 엔릭 미랄레스Enric Miralles(1955~2000)가 '죽은 자들의 도시'를 주제로 설계한 바르셀로나 인근 이구알라다의 마을묘지도

들르게 되어 있다. 지중해변을 따라 국경 부근에 이르면 포르트부에는 발터 벤야민의 기념비 〈통로〉와 그의 묘소가 있는 마을 공동묘지가 있다. 아름다운 지중해변의 풍경을 따라 프랑스로 넘어가 세트라는 마을에 이르면 '해변의 묘지'가 기다리고 있어 우리는 거기서 폴 발레리를 만나게 된다. 지중해변을 계속 이어가 로크브륀에 이르면 르 코르뷔지에가 그의 아내 이본Yvonne Gallis(1892~1957)과 같이 누워 있다. 특히 건축하는 이들에게 이 묘소는 성지일 게다. 이탈리아 국경을 넘어 모데나로 들어가서 알도 로시의 죽은 자의 도시, 산카탈도 공동묘지를 보고 베네치아로 향한다. 죽은 자들만 모여 있는 섬 산미켈레에 배를 타고 들어가면 이 도시를 지배하는 오래된 침묵, 처음 이곳에 갔을 때 나는 얼마나 많은 위로를 받았던가? 그때 나는 가장 오래된 묘역, 관리가 부실하여 깨어지고 무너진 묘석들이 폐허처럼 거칠게 남은 곳 한편에 걸터앉아 한참을 보내야 했다. 베네치아의 죽음. 말러Gustav Mahler(1860~1911)의 음악이 그렇다고 여겼다. 베네치아 인근 트레비소의 마을묘지에 있는 카를로 스카르파Carlo Scarpa(1906~1978)의 브리온베가 묘소는 묘지 건축 미학의 정점이다. 이 여행은 티치노의 몬테카라소로 이어지고 알프스의 산속을 지나 스위스 동편 쿠르에 도착하여 끝이 나는데, 이곳의 마을묘지 퓌어스텐발트에 이르면 그 아름다운 풍경에 일행 모두 말을 잊게 된다. 죽음마저 이렇게 아름답다니…….

도시가 지속하기 위해서 갖추어야 할 여러 시설이나 장소 가운데 중요한 하나는 신성하고 경건한 침묵의 장소라고 했다. 번잡함과 소란스러움이 어쩔 수 없는 도시의 일상이라고 해도 동시에 우리의 영혼을 맑게 빚는 고요함이 없으면 도시는 이내 피로하여 지속할 수 없다는 것이다. 고대 그리스의 도시는 아크로폴리스Acropolis와 네크로폴리스Necropolis 사이에 아고라Agora를 두어 각기 신과 죽은 자와 산 자의 영역으로 삼았으며, 시대를 거듭하여 종교의 형태와 생활의 습속이 변해도 신을 받드는 시설과 묘역은 부랑자에게도 경외의 대상이었다. 현대라고 해도 다를 바가 없다.

　　사실은 우리에게도 옛 마을에는 묘역이 가까이 있었고 개인의 집에는 사당이 있었으니 재각齋閣, 비각碑閣, 제공소祭供所, 서낭당 등 많은 시설이 영혼과 관계하는 경건과 침묵의 영역으로서 우리의 정신을 가다듬게 하고 마음을 곧게 했다. 그러나 지난 시대 이 땅에 분 개발 광풍으로 도시가 삶의 공동체가 아니라 부동산의 공동체로 변하면서, 묘역은 우리의 일상과 공존할 수 없는 혐오시설이 되어 쫓겨났고 재물의 맛에 취한 교회와 사찰은 시장보다 더 상업적인 곳으로 변하고 말았다. 이 도시에서 마음을 고요케 하는 성소를 찾는 일이 이제는 도무지 쉽지 않다.

　　요즘 우리 사회가 이토록 경박하고 몰염치하며, 예의 없는 일들이 곳곳에서 시도 때도 없이 일어나는 이유가 그동안 우리가 만든 어지러운 도시 풍경과 관계있는 것은 아닐까. 우

베네치아의 산미켈레 섬.

리가 건축을 만들지만 그 건축이 다시 우리를 만드는 것과 같이, 도시 또한 우리 사회를 다시 만든다. 이 말에 동의한다면 우리는 사회의 문제를 도시공간의 구조에서 다시 볼 필요가 있다.

스위스 티치노 지방의 벨린초나 외곽 몬테카라소는 인구 3,000명이 채 안 되는 작은 마을이다. 루이지 스노치Luigi Snozzi (1932~)라는 이 지역의 존경받는 건축가가 1980년대에 마을의 집 하나를 설계한 것을 계기로, 이후 중세의 기억에 머물러 있던 이곳의 집과 공공시설을 차례로 개조하면서 마을 전체가 성공적으로 재생되었고 유명해졌다.

수려한 산세를 배경으로 조성된 정갈한 마을 한가운데에 공동묘지가 있다. 바로 옆에는 어린이 놀이터와 조각 공원이 있고 교회와 학교도 이웃하여, 묘역 주변을 지나며 침묵과 죽음의 풍경을 목도하는 일은 이 마을에서 가장 일상적 풍경일 수밖에 없다. 짐작하건대 마을 주민 모두가 자신에게 주어진 삶의 형식이 끝나면 이 묘역에서 안식할 것을 알 터이다. 그러니 그 안식이 명예롭기 위해 그들은 오늘을 아끼며 삶을 가다듬어야 한다. 죽음은 두려움의 대상이 아니라 삶의 보상이다. 그래서인가, 삶과 죽음이 공존하는 그 마을은 작아 보이지 않았다. 마을 여기저기 피어나고 자란 꽃과 나무마저 그 생명이 진실하고 아름다웠다.

물론 몬테카라소만 그런 게 아니다. 유럽의 크고 작은 도시들 모두가 일상에 죽음의 형식을 가지고 있다. 도시의 가운데에, 마을 어귀에, 성당의 뒤뜰에 늘 죽음을 두고 삶을 사는 그들이니, 그 삶이 결코 가벼울 수 없다.

세계에서 가장 성찰적인 도시는 어디일까? 메카나 예루살렘 같은 종교도시? 아니다. 종교의 도시는 종교 본연의 목적과는 다르게 공동체로 결속되는 한 배타성을 갖기 마련이어서 아무리 영성을 강조해도 성찰적이지 못하다. 성찰이 우리 모두의 내면에 존재하는 존엄을 회복하기 위한 것이라면 이는 보편성을 떠나서 이루어질 수 있는 일이 아니다.

내가 여행한 도시 중에서 가장 성찰적인 도시를 꼽으라면 단연코 베를린이다. 영국의 여행안내지 『타임 아웃』Time Out 은 이 도시를 "명상과 대화와 교환의 메트로폴리스"라고 이름하였다. 베를린은 역사에 등장하는 시기가 13세기 정도이니 장구한 역사를 가진 도시가 즐비한 서구에서는 대단히 젊은 도시다. 그러나 베를린은 도시 형성의 모든 절차를 압축하며 거쳤고, 심지어 질곡의 현대사를 받아내며 피투성이가 되었다. 그런데도 쓰린 역사를 성찰하며 다시 쓰기 시작했고 지금도 진화한다.

나는 '죽은 자들의 도시' 기행을 마치고 일행과 헤어진 후 이 도시로 건너갔다. 해야 할 일이 있기도 했지만, 성찰을 전제로 하는 여행은 여기서 매듭을 짓는 게 좋기 때문이다. 베를린에 갈 때마다 가장 먼저 찾는 곳이 있다. 운터덴린덴 가로변

경기도 광주의 한 공원묘지 일부 구역에 새로운 납골묘역의 설계를 하면서 묘지는 산 자를 위한 공간임을 강조하고자 인디언의 시 「천의 바람」을 설명하였는데, 바로 이 묘역의 이름이 되고 말았다.

에 불과 70평 남짓한 크기의 전쟁기념관 속 빈 공간, 케테 콜비츠Käthe Kollwitz(1867~1945)가 전쟁과 학정의 희생자들을 위하여 만든 세상에서 가장 슬픈 피에타Pietà상을 본다. 여기서 나오면 건너편 베벨 광장에 땅 밑을 파고 설치한 하얀 빈 서가 앞에 서서 "책을 불태우는 자는 결국 인간까지 불태운다"라는 하이네Heinrich Heine(1797~1856)의 경고를 다시 새긴다. 그리고 포츠담 광장 부근의 미술관과 음악당으로 가는 길에는 파시스트 범죄를 잊지 않으려는 장소와 이데올로기의 학정을 기억하려는 베를린 장벽의 흔적을 수도 없이 만난다. 도시 전체가 기억의 박물관이며 성찰의 표식인데도 그들은 여전히 이를 확충하고 있다.

베를린에 간 구체적 목적은 서울 공공건축 프로젝트 전시회의 개막식과 심포지엄 참석이었다. 서울시가 진행하는 몇몇 프로젝트를 통해서 서울의 변화를 알리고 더욱 바람직한 방향을 모색하기 위해, 이곳의 도시 건축학자들과 담론을 형성하고자 한 일이다. 우리가 내세운 전시회의 제목은 '메타시티 서울'Seoul, Toward a Metacity이었다. 메타시티는 의역하면 인문도시인데, 성장과 확장에 몰두하던 메가시티 시대와의 결별을 다짐한 것이다.

동료 건축가 임재용이 꾸민 전시장은 무채색의 사진과 도판으로 대단히 절제되고 내용은 깊었다. 그래, 서울이 이래야 한다. 독일의 철학자 막스 피카르트Max Picard(1888~1965)의 명

구가 떠올랐다. 그가 쓴 『침묵의 세계』Die Welt des Schweigens(1948) 말미에 나오는 글귀이다.

"살아 있는 침묵을 가지지 못한 도시는 몰락을 통해서 침묵을 찾는다."

이 황망한 시대를 사는 우리를 향한 경구 아닌가?

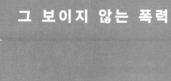

'스펙터클의 사회',
그 보이지 않는 폭력

13

보이지 않는 폭력. 사실 우리는 여기저기에서 너무나도 많이 이 잠재적 폭력에 노출되어 있다. 벌써 잊힌 듯하지만, 불과 얼마 전 세종시에서 한 여성 공무원이 자살한 사건이 있었다. 예사로 보이지 않았다. 벌써 두 번째였으니, 이 비극이 혹시 새로 지은 정부 청사와 관련이 있는 것 아닐까. 모든 사안을 건축과 관련해서 생각하곤 하는 나는 덜컥 불안하였다.

설계공모를 통해 당선된 세종시 정부 청사 안※은 스펙터클한 풍경이었다. 위에서 보이는 환상적 풍경을 만드느라 전체 건물을 모두 연결시키고 옥상 위를 모두 녹색의 공원으로 꾸민 역동적 건축이었다. 용 같은 모양이라고도 말했다. 위에서 보는 건축, 이는 우리 일상이 이뤄지는 땅에서는 볼 수 없는 풍경이었으므로 현실적 문제가 나타날 수밖에 없었다. 옥상 위 시민 공원은 정부 청사의 보안 체제를 모르는 발상이어서 폐기될 수밖에 없었고, 전체 청사를 하나로 연결하는 구조가 갖는 동선의 불편함과 그로 인해 조성된 단선적 공간과 환경은 심각한 문제로 이미 예측했던 바다. 더욱이 주변은 아직도 정비되지 않았고 편의시설은 턱없이 부족하니 여기서 강제적 삶을 보내야 하는 이들이 갖는 불안은 언제든 절망적 상황으로 이어질 수 있는 것이다. 그게 스펙터클한 건축 속에 내재한 폭력성이며, 이는 수시로 휴머니즘을 겁박하고 희생을 요구한다.

사실 이 스펙터클 사회에 대한 우리의 추종은 이미 도를 넘어 있다. 특히 민선지방자치 시대가 도래한 이후, 임기 내에

세종시 정부 청사.

가시적 성과를 세우려고 혈안이 된 단체장들의 스펙터클한 풍경 만들기를 위해 우리 사회는 너무 많은 대가를 치른다. 곳곳의 랜드마크, 테마 공원, 축제, 개발 프로젝트 등으로 도시의 풍경은 괴기하게 되었고 우리의 아름답던 산하와 마을은 삽질과 분탕질로 죄다 헤집어 미증유의 몸살을 앓고 있다.

어느 중앙 일간지에서 1980년대 이후 조성된 건축물 중 가장 좋은 것과 나쁜 것을 건축 전문가들을 대상으로 설문 조사한 적이 있다. 가장 나쁜 예로 서울시 신청사, 광화문 광장, 동대문 디자인플라자, 예술의전당 등이 상위에 선정되었다. 모두가 공공시설물이며 권력이 야심 차게 추진한 대표적인 스펙터클 건축이었다. 이들은 모두 홀로 주목받아야 해서 주변과 조화되지 않는 시설이며 땅에 사는 이들의 편에 있지 않다. 시민을 위해 베푼 시혜인 양 스펙터클을 즐기는 권력자들을 위한 이 기념비적 건축이 우리의 일상 속에서 익숙하게 되기까지 우리는 정신적·경제적 대가를 치러야만 하니 이는 폭력일 수밖에 없다.

20세기 사회에 절망하여 자살한 프랑스 철학자 기 드보르 Guy Debord(1931~1994)는 『스펙터클의 사회』La société du spectacle(1967)에서, 스펙터클은 "종교적 환상의 물질적인 재구성"이며 "진실한 삶을 시각적 장치를 통해서 부정할 뿐"이라고 비판했다. 우리 삶은 그 속에서 늘 소외되고, 진정성은 겁탈당한다는 것이다.

21세기가 시작된 2000년에 열린 제7회 베니스건축비엔날레의 주제는 '덜 미학적인, 더 윤리적인'Less Aesthetics, More Ethics

이었다. 놀라웠다. 윤리라는 것은 나와 남의 관계에서 비롯되는 것일진대, 스스로의 존재 방식에 골몰하는 서양의 건축은 내 기억에 그런 방식으로 존재하지 않았다.

윤리는 우리 선조의 덕목이었다. 우리 선조는 집을 지을 때 늘 자연과 건축과 인간 간의 관계를 염려했으며, 집은 그 관계를 잇는 고리 역할이었을 뿐 그 자체가 목적이 아니었다. 서양의 미학으로 따지면 우리의 집 형태는 기와집·초가집뿐이지만, 윤리를 따진 까닭에 그 공간의 종류와 변조가 무쌍하였다. 그러나 지난 시대 우리는 서양화를 근대화로 착각하면서 윤리를 추방하고 서양의 미학에 매진했는데, 이제 그들이 윤리를 새 시대 새로운 화두로 삼는다고 하니 황망하였던 것이다.

서양 건축사 책을 펼치면 처음부터 끝까지 신전과 교회, 왕궁과 별장, 경기장과 공연장 등 기념비적 건축물의 나열이며, 이들 건축의 형태와 비례, 장식과 재료 등에 관한 미학적 해설로 일관한다. 건축물이 스펙터클할수록 더 많은 지면을 차지하며 그 시대의 중요한 성취로 기술된다. 반면 그런 화려한 풍경에서 일반 시민의 삶은 언급 대상이 아니며 환상 속에 빠진 군중만 가끔 병기될 뿐이다.

도시 또한 마찬가지여서 스펙터클한 건축물을 곳곳에 배치하고 이들을 대각선으로 이어서 가장 스펙터클한 광경을 확보한 곳에 그 도시를 지배하는 자의 화려한 궁전을 두면, 이게 바로 봉건 시대의 도시가 된다. 중세 이후 전 유럽에 걸쳐 이상도시란 이름으로 유행처럼 지어진 도시가 죄다 그러했으며,

제주 대정마을에 추사기념관이 완공되자. 대단한 건물이 들어설 것으로 기대했던 마을 사람들이 실망하여 이 건축을 감자창고라고 부르며 비아냥거린다고 했다. 나는 작고 낮은 집들이 모여 만든 마을 풍경을 파괴할 게 분명한 스펙터클한 건축은 금기라고 여겼으며, 더구나 8년의 절대고독 속에 처했던 추사에게는 이 왜소한 감자창고가 더욱 어울린다고 믿었다.

현대의 신도시도 이 범주에서 벗어나지 않았다. 여전히 도심과 부도심 같은 봉건적 잔재의 단어를 실현하고, 도시를 상징하는 랜드마크를 세우는 일에 온 힘을 쏟고 있으니 이 모두가 스펙터클의 사회를 꿈꾸고 있다는 뜻이다.

기 드보르는 다시 이렇게 선언했다. "스펙터클은 기만과 허위의 기반이며, … 역사와 기억을 마비시키며 존재하는 사회조직이다." 그래서 서양은 이제, 그들이 만드는 도시와 건축의 목표는 미학이 아니라 윤리라고 했으며, 도시에서 중요한 것은 몇 날 건축물이나 상징물이 만드는 이미지가 아니라 건축물 사이에, 거리 위에 형성되는 우리의 이야기여야 한다고 했다. 또한 도시의 생명은 완성된 결과에 있는 게 아니라 끊임없이 변하고 생성되는 과정 속에 있다고 했다.

사실 스펙터클한 시설이나 구호나 선전이 자주 나타나는 사회는 전제주의의 사회이거나 저급한 의식의 미개발된 사회다. 내 어릴 적 '멸공', '조국 근대화', '한국적 민주주의' 같은 모순덩이의 구호가 시내 곳곳에 얼마나 많이 붙어 있었던가. 지금이라고 달라지지 않았다. 이런 구호가 스펙터클한 계획으로 바뀌었을 뿐이며 정치인들은 선거철만 되면 그런 환상을 심어 표를 구한다. 그러나 그 대부분이 기만이고 허위여서 결국은 우리를 절망시킬 뿐이라는 것을 알아야 한다. 이 땅에서 삶을 이어나가야 할 우리의 후대를 위해서도 이제 그런 보이지 않는 폭력을 방조해서는 안 된다.

"우리가 건축을 만들지만,
다시 그 건축이
우리를 만든다"

14

"우리가 건축을 만들지만, 다시 그 건축이 우리를 만든다."

　언제부턴가 교보문고에서 '건축'을 '책'으로 바꿔 쓰고 있는 이 문장은, 원래 윈스턴 처칠Winston Churchill(1874~1965)이 1943년 10월, 폭격으로 폐허가 된 영국의회 의사당을 다시 짓겠다고 약속하며 행한 연설의 한 부분이었는데, 1960년 『타임스』The Times가 이 문장을 인용하면서 다시 인구에 회자되었다. 내가 아는 한 건축과 우리 삶의 관계를 이보다 더 명확하게 표현한 말이 없다.

　예컨대, 오래 산 부부는 닮는다고 한다. 서로 달리 살던 사람들이 결혼하여 한 공간에 같이 살면서 그 공간의 규칙에 따르다 보면, 습관과 생각도 바뀌어서 결국 얼굴까지 닮게 된다는 것이다. 수도사들이 산간벽지의 암자나 수도원을 굳이 찾는 이유가 그 작고 검박한 공간이 자신을 번뇌에서 구제하리라 기대하기 때문이 아닌가. 그렇다. 오래 걸리고 더디지만 건축은 우리를 바꾼다. 즉 이런 이야기가 가능해진다. 좋은 건축 속에서 살면 좋은 삶이 되고, 나쁜 건축에서는 나쁘게 된다는 것. 이게 맞는다면, 건축을 통해 인간을 조작하는 일도 가능할 게다. 그래서 옛날부터 절대권력을 가진 자가 건축을 통해 대중의 심리와 행동을 조작하는 일이 비일비재하였다. 고대에는 신전과 피라미드 등을 지어 민심을 장악했고, 이후 궁전이나 기념탑 같은 건축물도 절대권력의 영광을 칭송하게 하는 도구로 지어졌다.

건축의 이런 효과를 가장 잘 이용한 독재자로는 히틀러 Adolf Hitler(1889~1945)가 단연 앞선다. 사실 건축가가 되기 위해 빈 미술아카데미에 지원했다가 연거푸 낙방한 이력이 있는 그는 건축가 못지않은 스케치를 그렸고 어떤 집은 직접 설계하기도 했다. 그런 그가 권좌를 잡자마자 최측근으로 기용한 이가 알베르트 슈페어Albert Speer(1905~1981)라는 유능한 젊은 건축가인데, 건축의 효능에 대해 너무나도 잘 아는 이 두 사람은 수없이 많은 건축물을 계획하며 히틀러를 신격화했다.

예를 들어, 알베르트 슈페어는 1934년 뉘른베르크 전당대회장Reichsparteitagsgelände의 무대 풍경을 기획하여, 이를 계기로 히틀러의 절대적인 신임을 받는다. 어두운 저녁 무렵, 조명이 켜지지 않은 경기장에 수십만 명의 군중을 집합시켜 몇 시간을 방치한다. 모두가 그 침묵과 어둠의 공포에 질릴 즈음 무대 위에 한 줄기 조명이 비춰면서 그 아래 히틀러가 극적으로 등장하고, 가운데의 연단에 오르면 경기장 둘레에 설치된 130개의 서치라이트가 밤하늘에 강력한 빛을 분출하듯 쏘아댄다. 순식간에 환각에 사로잡힌 군중은 일제히 손을 뻗으며 "하일 히틀러"Heil Hitler를 외쳤다. 더러는 눈물까지 흘리게 한 감격적 풍경, 이른바 '빛의 궁전'이라는 프로젝트였다.

인간을 도구화하는 건축, 소위 이념의 건축은 '제3제국' Drittes Reich 건설을 목표로 삼은 히틀러에게 대단히 매력적이고 유효한 통치 수단이었다. 그중에서 가장 야심적인 프로젝트가 '게르마니아'Germania라는 이름의 베를린 개조계획이다. 베를린의 전통적 중심가로인 '운터덴린덴'Unter den Linden을 직교하면서 템펠호프 공항에서 출발하는 이 새로운 가로, '세계 수도Welthauptstadt의 중심가로'라고 이름 지은 이 이념의 축 주변에는 로마제국의 건축 형식을 모방한 관청들이 연이어 들어섰고 그 가로의 끝에는 '인민의 전당'Volkshalle을 지을 계획이었다. 가운데 둥근 지붕 높이가 290미터, 직경이 250미터, 무려 15만 명을 한꺼번에 수용할 수 있는 어마어마한 규모였다. 이 거대 건축은 돔형 지붕을 열주가 받치는 형상이다. 둥근 돔은 그들만의 세계를 뜻하고 열주는 이념의 노예가 되어 집체화되고 평준화된 대중을 상징했으니, 모든 시민을 나치제국의 신민으로 변화시키는 것이 이 건축의 중요한 목표였다. 뉘른베르크 전당대회의 풍경이 상시적으로 연출될 예정이었던 이 건축물은, 다행스럽게도 나치 패망과 더불어 기록으로만 남는다.

나치 시대에 실현되지 못한 이 건축이 부분으로나마 실현된 곳이 바로 유신 시절 준공한 우리의 국회의사당 아닐까? 이 건축은 설계할 때부터 말썽이 일었다. 권위적으로 보이고 싶었을 게다. 이 건물을 둘러싼 열주는 본체의 구조와는 아무 관계없이 갖다 놓은 장식일 따름인데, 이를 정당화하느라 처마가 나중에 돌출되었으니 건축을 만드는 논리 절차가 틀렸다. 게다가 고위층의 압력으로, 애초에는 평지붕 형식으로 설계되었던 이 건축에 설계자들의 반발을 무릅쓰고 돔이 억지로 얹혀졌다. 가장 중요한 공간일 것 같은 이 돔의 내부는 본회의

알베르트 슈페어가 설계한 '인민의 전당'.

장이 아니라 현관 로비의 한 부분일 뿐이어서 또 가짜다. 내부의 치졸한 장식이나 난삽한 색채, 무당집처럼 보이게 하는 최근에 만든 야간 조명 등등은 거론도 않겠다.

　이런 곳에서 삶을 살면 어떻게 될까? 우리의 국회의원들은 개인적으로 만나보면 하나같이 인격자요, 지식인이다. 그런데 그런 분들이 모인 이곳에서 만드는 정치 풍경은 늘 파행적이고 꼴불견이어서, 국회의사당은 국민을 걱정하는 곳이 아니라 국민이 걱정하는 곳이 되고 말았다. 그러니 이를 볼 때마다, 건축이 우리의 삶을 바꾼다는 명제에 동의하지 않을 수 없다.

　청와대는 어떨까. 우선 그 장소가 불순하다. 일제가 경복궁을 아래로 보기 위해 지은 총독 관저의 터였으니 우리의 자긍심을 짓밟은 곳이다. 우러러보아야 하는 곳이어서, 부지불식간 이곳에 사는 분들은 우리에게 늘 높은 존재로 여겨지니, 그들은 밑에 사는 백성이라고 우리를 늘 아래로 보고 있지 않을까? 런던의 다우닝가^{Downing street} 관저나 워싱턴의 백악관^{White House}이 괜히 시민과 같은 눈높이에 있는 것이 아닐 게다.

　건물은 더 심각하다. 지금의 청와대는 전두환^{全斗煥(1931~)}을 이은 노태우^{盧泰愚(1932~)} 대통령 때 지었는데, 정통성에 콤플렉스를 갖는 통치자일수록 권위적 건물을 짓고 싶어 하는 것은 동서고금을 막론한 일이다. 조선왕조의 궁을 탐했을까, 봉건 시대 건축의 형식을 빌려 지었으니 이 건물은 시작부터 또한 시대착오적이었다. 우리의 옛 건축은 의당 목조로 지어야

최근 파주출판도시 2단계 부지에 완공된 디자인비따 사옥. 도시 건설 초창기의 열악한 환경과 소
규모 건축의 단순한 기능이 이 건축 속에서 일하는 젊은 디자이너들의 삶을 피폐하게 할 위험이
있었다. 그래서 내가 아는 모든 공간을 여기에 조성하기로 했다. 외부에는 마당과 숲과 골목길과
광장을 만들었고, 내부는 작업 공간이지만 묵상과 사유, 교환과 여유가 이루어지도록 빛과 어두움
을 조작하여 모든 공간을 특성화했다. 아침과 오후, 저녁과 밤의 풍경이 달라질 것도 감안하였고
근처의 소란과 수평의 먼 풍경까지 끌어 들였다. 그러면, 그들이 살면서 만들고 덧대는 기록으로
이 건축은 완성될 것이라고 믿었다.

하건만 이 큰 규모에서는 무리여서, 콘크리트로 모양만 목조 건축의 흉내를 냈을 뿐인 천하 없는 가짜다. 게다가 내부 공간은 외부의 크기를 유지하느라 어마어마하게 높고 크다. 방문하는 이들이야 잠깐 머물다 가면 되지만, 이곳에서 살아야 하는 이는 그 허망하도록 경직된 공간의 영향을 받지 않을 수 없어 결국 몸도 마음도 정신도 그렇게 될 개연성이 짙다.

그래서 그런가? 이곳에서 산 우리 대통령들의 마지막은 늘 불우하였다. 게다가, 안 그래도 소통이 안 된다고 공격받는 현재의 대통령인데, 시대와 불통하고 진정성과 담을 쌓은 이 건축에서 살고 나면 그분의 끝 무렵이 또 어떻게 될까? 건축이 다시 우리를 만든다는 말을 믿는 나로서는 심히 걱정스럽다. 대통령을 위해서, 우리 국민과 이 사회의 평화를 위해서 청와대를 다른 장소로 옮겨 다시 지어야 한다. 어쩌면 그게 새로운 시대를 결심하고 알리는 가장 중요한 메시지가 될 것이다.

'불란서 미니 이층집'과 '마당 깊은 집'

건축 역사에서 주거의 변천 양식을 로마네스크, 고딕, 바로크 등 일반 건축의 분류 방식으로 구분하는 일은 쉽지가 않다. 냉난방 장치나 자동화시스템 등 현대기술 덕택으로 주택의 편리함이 옛날과 비교할 수 없이 좋아졌다고 해도, 건축의 본질인 공간의 구조는 옛날이나 지금이나 그리 큰 변화가 없다는 이야기다.

특히 지역의 특수한 조건을 받아들여 지을 수밖에 없는 토속적 건축의 경우는 더욱 그렇다. 현재까지 발굴된 집단 주거지 가운데 가장 오래된 유적은 대략 1만 년 전에 있었던 예리코 주거단지다. 경사진 언덕에 흙으로 지은 이 마을은 개별 집의 평탄한 지붕면이 마을의 공공영역이며 각 주거는 지붕에 뚫려 있는 개구부를 통해 사다리로 연결된다. 그런데 놀랍게도 중국 허난 지방에 이 1만 년 전의 주거지와 대단히 유사한 마을이 있어서, 그곳에서는 지금도 건강한 삶을 산다. 또한 5,000년 전 메소포타미아의 고대도시 우르에서는 부자와 빈자가 서로 섞여 산 것이 분명하다. 큰 집과 작은 집이 흙벽을 공유하며 치밀하게 조직된 모습은, 요즘의 사회 과제 중 하나인 소셜 믹스Social Mix가 이미 실현된 풍경이다. 이뿐 아니다. 이집트 쿠푸Khufu(?~?) 왕의 피라미드 공사를 위한 노동자 집합주거 혹은 로마 시대의 군인아파트는 20세기에 새로운 시대를 내세우며 모더니즘을 주창한 현대건축가들이 지은 연립주택과 그 평면 형식이 같다.

이렇듯 주거 형식이 시대를 초월해 존재하는 까닭은 우

리 삶이 보수적일 수밖에 없어서다. 가족이라는 기초적 공동체와 낮에는 일하고 밤에는 자야 하는 하루 24시간의 생활패턴이 변하지 않는 한, 그 삶을 담는 주택 또한 쉽게 변하지 않을 것이다.

이 땅의 주거도 마찬가지다. 온돌을 사용하는 북방식과 마루생활을 즐기는 남방식 등 지역의 기후와 습관에 따른 공간들로 구성된 우리 고유의 집은 짧게는 수백 년, 길게는 수천 년의 역사를 거듭해 내려온 양식이다. 서양 미학의 양식적 구분에 의하면 기와집과 초가집밖에 없으니 우리 전통가옥을 고전, 고딕, 바로크 같은 건축 양식으로 구분하지 못한다. 더구나 우리 선조에게 건축은 윤리적 사유의 결과물이지 미학적 대상이 아니었다. 자연과 인간, 나와 가족, 가족과 이웃 사이에서 거주자가 취하는 태도에 따른 공간의 구성과 연결이 주된 과제였으며, 집의 모양이나 장식은 늘 부차적이었던 까닭에 시각적으로 주택의 양식을 구분하는 것은 어려울 수밖에 없다.

그런데, 장구한 세월 동안 유지해온 우리의 고유한 주거형태가 혁명적으로 변한 때가 있었으니 바로 1960년대 말이다. 양옥이라는 형식의 주택이 종래의 주택을 한옥이라고 뭉뚱그려 분류하며 나타난 것이다. 혁명의 시작은 공간 개념의 완벽한 변환이었다.

우선 우리 고유의 한옥에서는 방의 이름을 위치에 따라 붙였음을 상기하시라. 안에 있다고 안방, 건너편에 있으므로 건넛방, 문간에는 문간방이다. 심지어 화장실도 뒤에 있어 뒷간이라 불렀다. 그러나 양옥에서는 목적에 따라 방의 이름이 정해진다. 거실, 침실, 식당, 화장실 등이 그러한데 그 목적을 수행하기 위해 방에는 소파·침대·식탁 등이 늘 그 공간을 채운다. 거주인은 정해진 목적에 따라 거실에서는 소파에 앉고 침실에서는 잠을 자며 식당에서는 식사를 한다. 목적을 가진 방이 우리 삶의 형태를 미리 규정해놓은 것이다. 그런데 한옥의 방은 위치에 따른 이름이 있을 뿐 목적이 없으니 방 안에 가구가 있지 않다. 그저 밥을 먹고 싶으면 밥상을 가져와 식당으로 쓰면 되고, 탁자를 놓으면 공부방이 되며, 요를 깔면 침실이요, 담요를 깔면 화투방으로 변한다. 방이 거주자가 원하는 대로 그 목적을 달리하도록 평상시에는 비어 있는 것이다.

가장 대표적인 곳이 마당이다. 중정이나 마당을 가진 주택이 세계 곳곳에 있지만 우리의 마당은 그중에서도 가장 아름답다. 같은 아시아라고 해도 일본의 마당은 쳐다보기만을 위한 곳이며 중국 사합원四合院의 마당은 위계적 질서를 강조하는 공간이다. 또한 중동 지방에 많이 있는 중정은 혹독한 기후 때문에 만든 장치여서 여기서는 거주하지 못한다. 그러나 우리의 마당은 어린이들이 놀면 놀이터요, 노동을 하면 일터다. 제사나 축제를 행해도 그 목적을 충실히 수행하는 공간으로 완벽히 변한다. 그리고 그 일들이 끝나면 고요로 돌아와 거주인을 사유의 세계로 인도하는 신비한 공간으로, 바로 비움의 실체다. 비움. 흙만 깔린 이 공간에는 아무것도 두지 않는

1970년대 유행한 '불란서 미니 이층집'.

다. 그러니, 예쁜 풍경도 질서도 없는 이 모호한 공간이 양옥에서 용납되지 않는 건 당연하다.

집은 "저 푸른 초원 위에 그림 같은 집"이어야 했다. 1960년대 말 남진이 부른 노래 〈님과 함께〉는 경제개발의 기적을 믿으며 땀 흘리는 서민들에게 인생의 목표가 된 듯, 폭발적인 인기를 누리며 거리에 흘러나왔다. 이발소 달력의 그림에서 보았을까. '불란서 미니 이층집'이라고 불린, 프랑스에는 있지도 않은 전대미문의 집이 방방곡곡에 지어졌다. 각도가 다른 박공의 지붕을 전면에 놓고, 지면 위로 떠 있는 발코니와 테라스를 가진 이 집은 당연히 침실·거실·식당 등 목적적 방을 지녔다. 초원을 만들기 위해 집 앞은 푸른 잔디로 덮고, "사랑하는 우리 님과 한 100년 살고 싶어" 담장을 높이 둘러 그 위에는 병 조각과 쇳조각을 박았다. 그 결과 동네의 풍경은 더는 모여 사는 모습이 아니라 붙어서 살 뿐인 주택 단지로 변했고, 전통적 공동체 역시 붕괴되고 말았다. 물론, 집으로 둘러싸였던 마당도 목적이 없으니 사라지거나 그 위를 덮어 실내로 만든 고깃집의 홀hall처럼 변하고 말았다. 빈 공간은 존재하는 공간이 아닌 까닭이었다.

개인과 가족, 그리고 사회와의 관계 속에 투영된 시대적 모순과 우울을 그린 김원일金源―(1942~)의 자전적 소설 『마당 깊은 집』(1988)은 주인공이 이렇게 독백하며 끝을 맺는다. "4월 하순 어느 날, 나는 마당 깊은 집의 그 깊은 안마당을 화물 트

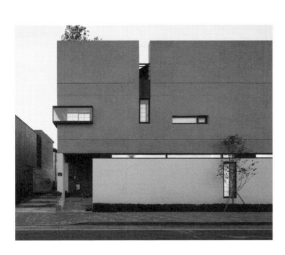

판교에 지은
청고당(2015)과 그 마당.

력에 신고 온 새 흙으로 채우는 공사 현장을 목격했다. … 굶주림과 설움이 그렇게 묻혀 내 눈에 자취를 남기지 않게 된 게 달가웠으나, 곧 이층 양옥집이 초라한 내 생활의 발자취를 딛듯 그 땅에 우뚝 서게 될 것이다."

그 이층 양옥집이 바로 '불란서 미니 이층집'인바, 이 정체불명의 주거 양식이 우리의 오랜 기억을 지우고 아름다운 풍경을 무너뜨린 주범이었다. 그로써 윤리는 버려지고 미학의 시대가 도래한 작금, 물신의 망령이 우리 사회 곳곳을 배회하며 극단의 갈등을 양산하고 있는 것일 게다. 비움을 버린 톡톡한 대가다.

집의 이름,   16
인문정신의
출발점

내가 운영하는 건축 사무소의 이름은 '이로재'履露齋다. 뜻으로는 '이슬을 밟는 집'인데, 이 글귀로 된 현판이 내 자리 뒷벽에 걸려 있다. 대략 200년 정도 되었다는 이 현판은『나의 문화유산답사기』저자로 유명한 유홍준兪弘濬(1949~) 교수가 소장해온 것이었는데, 1993년 그의 집 설계를 마쳤을 때 내게 답례로 주었다.

유 교수가 이 현판 글씨는 조선 시대 명필이었던 창암 이삼만蒼巖 李三晩(1770~1847)이 쓴 것이라 해서 그런 줄로 알고 있었는데, 최근에 창암 선생이 이에 대해 쓴 족자까지 구해 내게 건네주어 그 출처를 확인하게 되었다. 그 족자에는 유려한 초서체로, "祭義曰 霜露旣降 君子履之 必有悽愴之心 非其寒之謂也 春 雨露旣濡 君子履之 必有怵惕之心 如將見之"제의에 이르기를 서리와 이슬이 이미 내려 군자가 이를 밟으면 반드시 슬픈 마음이 생기지만 그것은 추워서 그런 게 아니다. 봄에 비와 이슬이 내려 군자가 이를 밟으면 반드시 섬뜩하게 느껴지는 것도 이와 같은 것이다 라고 쓰여 있다.『예기』禮記「제의」祭義 편의 한 부분을 쓴 것으로 원문은 부모를 향한 효심과 공경에 대한 내용이다. 결국 이로재라 하면 이슬을 밟으며 부모님을 그리워하는 집이란 뜻이 된다.

내가 사는 막된 행태를 보면 언감생심의 이름이지만, 워낙 현판 글씨가 좋아 그전부터 탐을 내던 차였는데 현판을 받은 후 급기야 내 사무실의 이름까지 바꿔버렸다. 동료들로부터 새벽에 이슬을 밟는 이는 도둑이나 설계 사무소 직원밖에 없다는 농을 듣기도 했지만, 이 이름을 얻은 후부터 사무실에

창암 이삼만이 쓴 '이로재' 현판.

은근한 변화가 일기 시작한 것을 안다. 우선 이 이름을 걸고 사무소를 운영하면서, 내 사유의 방향이 그 당시 내가 건축의 주제로 걸었던 '빈자의 미학'과 함께 절제와 검박으로 향했다. 처음 만나는 건축주들은 대개 '이로재'의 뜻을 묻기 마련인데, 글자의 의미를 전한 후 그들과 나누는 대화의 가닥이 자연스레 윤리적이고 순전한 방향으로 흐르는 일이 많아졌다. 그러니 이 이름이 내 행위와 사유에 하나의 강령이 된 것이다.

유 교수는 내가 설계한 작은 집의 이름을 『도덕경』의 '대교약졸'大巧若拙에서 연유하여 '수졸당'守拙堂이라 했다. 큰 기교는 서툰 것만 못하다는 뜻이다. 내가 '빈자의 미학'이라는 화두를 내걸며 처음 설계한 건축이라 내가 얼마만큼 와 있는지 알기 위해서 늘 기억해야 하는 이 집은, 우리 문화에 대해 근본적 성찰을 부르며 큰 바람을 일으킨 『나의 문화유산답사기』의 산실이 되었다. 유 교수 스스로 선택한 것이지만, 이 집의 건축 개념을 너무도 적확히 표현한 이름이 어쩌면 유 교수 본인에게도 내재의 규율이 되지 않았을까?

비슷한 시기에 선배 건축가 민현식閔賢植(1946~)은 사무실 이름을 기오헌寄傲軒이라 지었다. 기오헌은 19세기 초 21세로 생애를 마친 효명세자孝明世子(1809~1830)가 사색과 독서를 위해 창덕궁의 후원에 지은 불과 네 칸짜리 작은 집이다. 영민한 그가 번잡한 궁궐을 멀리하고 스스로 군주의 기품을 닦은 이 집의 이름은 도연명陶淵明(365~427)의 「귀거래사」歸去來辭에서 땄다.

"倚南窓以寄傲 審容膝之易安" 남창에 기대어 마음을 다잡으니 좁은 방 안일망정 편안함을 알았노라 이니 기오헌은, 비록 작은 집이지만 선비의 기품을 잃지 않고 한껏 오기를 부리는 곳이다. 실제로 민현식 선배가 그렇게 산다.

조선의 인물 중에서 나를 유독 끄는 이가 정도전鄭道傳 (1342~1398)인데, 한양도성의 설계자여서 그렇기도 하지만 도성 안 전각의 이름을 다 지어낸 사유의 깊이에 경탄하지 않을 수 없어서이기도 하다. 경복궁景福宮, 근정전勤政殿, 강녕전康寧殿, 사정전思政殿 등 마치 죽은 사물에 혼령을 불어 넣어 생명체로 만들 듯, 이름으로 그 전각들을 한갓 부동산이 아니라 의미체로 변하게 한 것이다.

『인간과 말』Der Mensch und das Wort(1955)을 쓴 영성적 철학자 막스 피카르트는 책의 말미에 이렇게 적었다.

"하나의 말을 들으면, 하나의 빛을 보는 것이다. … 그리하여 인간은 말로 인하여 불멸이 된다."

이름을 갖는 것은 그로 인한 세계를 갖는 것이며 그 이름이 존재하거나 기억되는 한 그 세계는 불멸이라는 것, 그래서 이름은 존재의 가장 중요한 방식이다. 그래서 그러한가, 집이나 이름에는 같이 '짓다'라는 단어를 쓴다.

물론 정도전뿐만이 아니다. 우리의 선조는 자기가 거처하는 곳이면 어디든 이름을 짓고 그 이름이 목적하는 바대로 자신의 삶을 몰았다. 회재 이언적晦齋 李彦迪(1491~1553)의 집 '독락당'獨樂堂, 마음이 홀로 서야 이理가 생긴다는 뜻이다. 성리학자 회재의 삶을 이보다 더 좋은 말로 설명할 수는 없을 게다.

벼슬을 마친 선비들이 낙향하여 마련한 거처의 이름 중에 '만취'晩翠라는 글자가 꽤 많이 등장하는데, 늦게까지 푸르겠다는 의미이니 늙어서도 자기의 뜻을 지키겠다고 스스로 맹세하는 것이다.

혹은, 이제는 세속을 멀리하여 스스로 삼가고 자연을 벗삼아 마음을 곧게 닦으며 맑은 날의 바람처럼 비 갠 뒤 떠오른 달처럼 살겠다는 '광풍각'光風閣, '제월당'霽月堂에 이르면, 비록 집은 초라해도 마음은 더없이 크다. 그야말로 집은 우리 선조에게 인문정신 그 자체였으니 당호는 자신의 정체성을 찾고 삶의 방향을 다듬기 위해 대단히 중요한 자기선언이었던 것이다.

그런데 요즘 우리의 집 이름은 어떠한가? 한동안은 아파트 건설 회사 이름이 붙은 '현대아파트'나 '삼성아파트' 등에서 사는 것을 집단적으로 우쭐해 하더니, 곧 졸부 취향을 부추기는 '맨션'이니 '빌라'니 하는 말이 영어의 본래 뜻과 관계없이 이름에 붙어 집을 희화화하였다. 최근에는 영어에도 없는 단어들을 조합하여 어리둥절하게 만든다. 몇 동 몇 호라는 숫자가 집 이름인 마당에 무슨 인문정신이며 정체성이 찾아지겠는가? 거주 방식이 분별없으니 우리네 삶도 이토록 척박한 것

대구의 문화예술 진작을 위해 익명으로 많은 후원을 해온 한 사업가의 집을 지어 그 이름을 모헌이라
고 하고, 중국 시안의 서예가 웨이량魏良(1955~)의 글씨로 현판을 만들어 사랑채 밖에 걸었다.

아닐까?

　지금이라고 당호를 가지지 말라는 법이 없다. 나는 내가 설계한 집에 이름을 붙여주며 건축의 성격을 한 단어로 압축하여 설명하곤 한다. 소박한 삶을 사는 부부를 위한 백색 주택을 '수백당'守白堂이라 이름 지었으며, 교단에 서는 분의 집은 어눌한 게 달변보다 낫다는 뜻으로 '수눌당'守訥堂이라 했다. 울창한 억새풀 숲 옆에 지은 간결한 집은 '노헌'蘆軒이라고 했고, 스스로 드러나지 않기를 원하는 어떤 분의 집은 집 자체도 모양이 드러나지 않게 지었지만 이름도 '모헌'某軒으로 했다. 어떤 경우는 건축주와 같이 짓기도 한다. 최근 판교에 지은 집의 이름은 건축주가 '고'古를 먼저 정하고, 내가 덧붙여 '청고당'晴古堂이라고 했다. 오래된 것에 시간이 배어 맑은 윤기를 가지는 집이라는 뜻이다.

　어떠신가? 각자 자기 집의 이름을 짓는 게……. 비록 아파트에 살아도, 단칸방이라고 해도, 혹은 찌든 월세방에 산다 해도 각자의 존재 방식이자 세계를 향한 출발점이 거처이니 희망하는 삶의 방식에 대한 이름을 스스로 짓고, 그 이름의 뜻대로 삶을 다독거리며 새롭게 출발하는 것이……. 언어가 빛이라고 했으며 이름이 존재라고 하였다.

동네
없는
주소

오래전 일인데, 외국 유학을 갓 다녀온 한 조각가의 푸념을 듣게 되었다. 청계천 철물상에 가서 직각으로 된 자를 만들어 달라고 했더니 어느 한 곳도 90도 정각을 만들지 못했다는 것이다. 슬며시 외국과 비교하며 직각도 만들지 못하는 한국의 장인정신 부재를 트집했다. 그렇게 비난할 수 있다. 우리의 전통 가구를 보면 자로 잰 듯한 정확함이 없는 게 사실이다. 어딘가 틀어지고 어딘가 모자라는 불완전한 상태를 두고 한국인이 가진 해학이며 미학이라고 논문을 쓰며 학술적으로 해석까지 해왔다.

건축에서는 더욱 그렇다. 우리의 옛 건축, 특히 궁궐이나 사찰의 주된 건물은 얼핏 보면 좌우대칭의 당당한 입면을 가지고 있는 듯하다. 그러나 실측으로 따지면, 실제로는 정확한 대칭이 아닌 경우가 대부분이다. 이를 두고, 한 치의 틀림도 없는 일본 건축이나 엄정한 비례를 자랑하는 서양 건축에 비해 한국 전통건축의 수준이 낮다고 말할 것인가?

안동 하회마을 남쪽에 병풍처럼 펼친 산과 마주한 병산서원屛山書院은 서양의 건축가들도 찬탄을 금치 못하는 보물 같은 건축이다. 마당을 중심으로 네 채의 건물이 둘러싸는 형식인데, 전면의 누각 만대루晩對樓를 통해 들어오는 병산의 아름다운 풍경과 이를 뒷산과 이어지게 하는 공간 연결의 수법은, 건축 문외한도 탄성을 지르게 한다. 사실 병산서원 건물 자체는 특별히 아름답다고 말할 수 없다. 만대루는 비정상적으로 길어 보여서 오히려 비례감이 좋지 않다. 그런데 여기서는 건물들이 형성한 공간이 충분히 아름다워서 모두 넋을 잃고 그 공간이 만든 풍경을 음미하고 만다. 건축에서 가장 중요한 '공간'의 실체를 가르칠 필요가 있는 건축학 선생들에게는, 공간이 갖는 아름다움을 설명하는 데에 딱 좋은 보기이다.

내가 참 좋아하는 어느 건축 역사학자가 이를 분석하며 설명했다. "이 건축 공간을 보면 직각이 없습니다. 건물을 의도적으로 슬쩍 틀어서 미묘한 사선을 만들어 시선을 확장하고, 뒤편의 공간으로 연장합니다." 실제로 병산서원은 건물의 배치가 미묘하게 틀어져 있다. 그런데, 이 건축을 만든 우리의 선조가 그렇게 교묘했을까? 직각으로 엄정한 조직을 만들 수 있었는데도, 우연을 만들기 위해 의도적으로 고난도의 묘기를 부릴 만큼 작위적이었을까…… 나는 여기까지는 동의하지 못한다.

예컨대 창덕궁昌德宮을 그린 〈동궐도〉東闕圖를 보시라. 모든 전각을 공간 구조적으로 상세하게 그린 이 스펙터클한 그림에 나오는 공간은 하나도 빠짐없이 직각으로 구성되어 있다. 그러나 창덕궁의 실제 공간은 그렇지 않다. 구릉이 많은 땅이라 전각들은 언덕을 피하고 물길을 지르면서 지형의 논리를 따를 수밖에 없었다. 서양인 같으면, 언덕은 깎고 계곡은 메우고 물길도 펴서 목적하는 직선과 직각을 얻으려 할 게다. 그러나 우리에게 자연은 거스를 대상이 아니라 경외하고 수용하며 공존해야 하는 대상이므로, 사선으로 꺾기도 하도 둔각도 만들

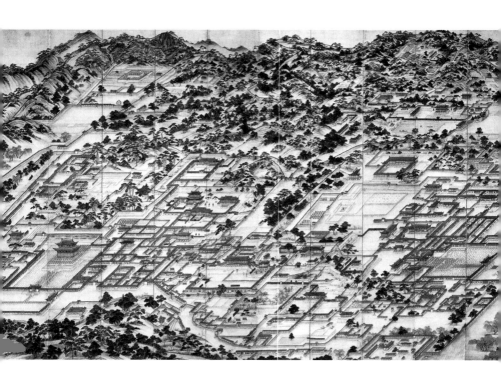

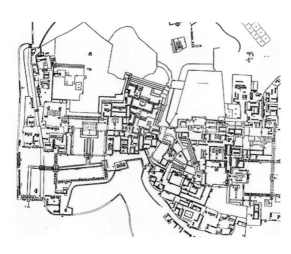

창덕궁 현황도와 〈동궐도〉.

며 결국 자연과 대단히 일체화된 구성을 갖게 한 것이다. 그러면서도 모든 건축은 직각으로 인식되었으니, 우리에게 직각은 하나만 있는 게 아니라 91도나 89도도 직각이어서 직각이 무수하다.

창덕궁만이 아니다. 지금까지 전해오는, 옛집을 그린 평면도들을 보면 죄다 직각의 그림이다. 하지만 그 평면도로 지어진 집은 자연과 만나면서 땅의 논리를 따라 순종하며 적절히 변형되어 있다. 그것이 우리 옛집의 실체다. 자연을 지배하려는 오만이나 희롱하려 드는 모자람도 결코 없으니 시시때때로, 경우에 따라서, 자연을 수동적으로 또는 소극적으로 대하는 여유가 있는 까닭이다. 그러니 우리의 옛 건축은 건축물 자체로는 별 의미가 없다. 주어진 조건과의 관계를 알아야, 주변과 자연 속에서 관계를 파악해야 그 건축을 이해할 수 있다.

그런즉 그와 같은 건축이 모인 우리의 마을과 도시에서 자연스러운 공간의 조직이 중요함은 말할 나위가 없다. 기본적으로 우리 땅의 대부분은 산지여서, 쌀을 주식으로 하는 우리에게 평평한 땅은 벼농사를 위해 내놓아야 하니 삶터는 산밑의 양지바른 구릉에 만들 수밖에 없다. 평지에 도시를 만들어온 서양과는 도시 형성의 근본이 다른 것이다. 그들은 머리에서 구상한 기하학적 도형을 실현하기 위해 평지를 찾을 수밖에 없었다. 평지의 도형인 까닭에 우선 평면을 분할하고, 이를 효율적으로 연결하고자 직선을 그어 길로 삼았다. 모이는 공간도 있어야 하니 면을 만들어 광장이라 했다. 서양도시는 이러한 선과 면을 가장 핵심적인 구조로 삼았다.

그러나 구릉이 많은 우리의 땅에서는 직선의 길을 만들기가 애초에 불가능하다. 노새와 마차가 다닐 수 있도록 가장 완만한 곳을 확보하면, 주거지 영역이 양지바른 터에 자리 잡았다. 그 개인의 영역들 사이에 적당히 비어 있는 곳이 길이 되었다. 그러니 길은 직선일 수 없었다. 또한 그 폭이 일정하지도 않아 넓어진 곳이 자연스레 우물터, 놀이터, 시장 같은 동네의 중요한 공공영역이 되었다. '동'洞이라는 조직은 본래 같은 물을 쓴다는 뜻이며, 우물이나 개천을 공유하며 생긴 기초적 공동체를 의미하는 단위였다. 이는 우리의 마을조직이 공간에 기초를 두었다는 뜻이며, 직선의 길에 나란히 배열되어 숫자로 분류되는 집합체가 아니라는 말이다. 그래서 우리에게 고향 마을의 기억은 늘 풍경이며 공간이지 숫자로 된 주소가 아니다.

사실은 우리 땅의 지명들도 가만히 보면 죄다 그 장소의 특징을 설명하는 이름 아닌가? 생각해보면, 내가 사는 종로는 원래 종루鐘樓가 있어서이며 유학을 가르치는 숭교방崇敎坊의 동쪽에 있어 동숭동이며, 인근의 삼선동, 원남동, 연지동 등 모두가 그 이름만으로도 동네의 성격을 알 수 있어 정체성이 분명하니 찾기도 쉬웠다. 사람 이름을 갖다 붙인 서구의 도로와는 품위부터 다르다.

2007년 조성룡·정기용(작고)·민현식·이종호(작고)·김영준 다섯 명의 건축가와 함께 팀을 이루어 제안한 헌인마을. 기존 지형과 오랫동안 이 땅에 존재해온 주거지의 흔적을 토대로 장소 특징적 공동체를 그렸다.

2014년에 정부가 전국의 주소를 도로 중심의 체계로 바꾸고 말았다. 서양도시를 흉내 낸 신도시의 지리에는 효율적일 수 있다 쳐도, 골목 많은 오래된 동네에서는 그 공간 형식과 새로운 주소가 도무지 맞지 않는다. 강제된 주소이니 민초들이야 어쩔 수 없이 노력하여 익숙해지겠지만, 명심하시라. 새 주소가 우리의 전통적 공간 개념을 지워 동네를 잃게 하고, 결국 땅과 밀착된 우리의 정체성을 훼손하는 심각한 문제를 야기할 수 있다는 것을……

그게 두려운 나는 아직도 옛 주소를 쓴다.

이 시대   18
우리의 건축
그리고 그 문화 풍경

작년에 10년 만에 헬싱키를 찾았다. 이 도시가 야심 차게 추진하는 도시 디자인 전략을 알아보는 공식적인 일 외에, 나는 핀란디아홀Finlandia Hall 바로 옆에 최근 새로 지은 '뮤직센터'Helsinki Music Centre라는 콘서트홀을 보는 일에 관심이 있었다. 1971년에 개관한 핀란디아홀은 작곡가 시벨리우스Jean Sibelius(1865~1957)를 기념하여 이 나라가 자랑하는 건축가 알바 알토Alvar Aalto(1898~1976)가 지은 걸작이다. 그런데 아무리 잘산다고 해도 인구 60만에 불과한 도시가 또 새로운 음악당이라니……. 의문은 현지의 설명을 듣고 풀렸으나, 그 내용은 충격적이었다.

핀란디아홀은 핀란드의 토속적 아름다움을 건축의 형태와 공간으로 치환하여 세계적 보편성을 획득했다고 일컫는 현대건축의 보물이다. 그런데 이 아름다운 건축물에 줄곧 음향 문제가 제기되었다. 내부의 천장 형태가 건축가 고유의 디자인패턴 때문에 흡음 위주로 되어 적정 잔향 시간을 확보하지 못한다는 것이다. 물론 천장 디자인을 다소 바꿔서 보강할 수도 있을 게다. 그러나 그들은 알바 알토의 허락을 받을 수 없는 지금 그런 변경은 할 수 있는 일이 아니라고 결론지었으며, 이 건축의 원형을 지키는 일이 무엇보다도 중요하다고 의견 일치를 보았다. 그 대신에, 완벽한 음향을 가질 수 있는 새로운 음악당을 핀란디아홀 바로 옆에 짓기로 한 것이다. 그리고 알바 알토의 홀은 음향 조건이 문제가 되지 않는 전자음악 등 가벼운 음악을 위한 공연장으로 쓰겠다고 결정했다. 세상에…… 우리였으면, 천장이 아니라 건물도 고치고 말았을 게다. 물론 그 건축가에게 불명예를 덮어씌우는 일도 빼먹지 않았을 게고…….

그 건너편 나라 스웨덴의 스톡홀름에는 그들이 자랑하는 건축가 군나르 아스플룬드Erik Gunnar Asplund(1885~1940)(그는 1940년 55세로 운명했다)가 설계한 스톡홀름시립도서관Stockholm Public Library이 있다. 책으로 둘러싸인 원형의 홀 가운데 서면 마치 지식의 세계에 파묻힌 듯, 책을 조우하는 감격에 싸인다. 인간과 책을 만나게 하는 곳이 도서관이라는 그의 주장이 정확히 건축화된 것이다. 1928년 개관 때 20만 권의 책을 소장하도록 하였으나 세월이 지나면서 증축해야 할 필요가 꾸준히 대두되었고, 마침내 최근에는 이를 위한 국제설계공모의 절차까지 거쳤다. 그러나, 자신들이 사랑하는 건축가의 작품이 훼손되는 것을 용납할 수 없었던 시민들의 간청으로 이 증축계획은 결국 취소되고 만다.

이번에 연이어 알게 된 이 두 가지 사실이 나에겐 자괴가 되어 여행 내내 몸을 감싸고 죄었다. 우리의 초라한 문화 풍경이 그 사실에 오버랩된 것이다.

우리에게도 자랑스러운 건축가들이 있었다. 김중업金重業(1922~1988)과 김수근. 암울한 시대 불모의 땅에서 세계와 겨루며 한국의 건축을 알린 거장이었고 시대의 선각자였다. 특히

나의 스승 김수근 선생은 건축만이 아니라 전쟁과 빈곤으로 빈사 상태에 있던 한국 문화를 다시 일으키기 위해 고군분투 하였다. 척박한 문화 환경 속에서 문화예술지를 표방한 잡지 『공간』을 창간하여 수많은 문화적 성취와 담론을 만들었으며, 최순우崔淳雨(1916~1984)와 백남준白南準(1932~2006)처럼 시대를 풍미하는 문사들을 모아 한국의 시대와 문화를 논했다.

조그만 공간 사옥 내에 소극장을 만들어 김덕수金德洙(1952~) 사물놀이패를 최초로 소개했고, '병신춤'을 추던 지방의 예인 공옥진孔玉振(1931~2012)을 중앙의 무대에 서게 하는 등 사라져가던 한국의 전통문화를 적극적으로 발굴하며 지평을 넓혀나갔다. 1975년 10월 『공간』 100호 발행을 자축하기 위해 사재로 명동국립극장 무대에 홍신자洪信子(1940~)와 황병기黃秉冀(1936~)를 올려 〈미궁〉迷宮을 공연했을 때, 모두 한국 현대문화의 발아라고 말했다. 그런 그를 1977년 미국의 시사주간지 『타임』Time은 '한국의 로렌초Lorenzo de' Medici(1449~1492)'라고 부르며 한국 문화의 중흥을 이끄는 강력한 후원자로 전 세계에 알린 바 있다.

그러나 1986년 6월 14일 그는, 지금의 나보다 훨씬 젊은 55세의 나이로 세상을 떠나고 만다. 세계적 걸작을 남긴 건축가들이 기록하는 생애가 보통 90세 이상인 것을 상기하면 요절이 아닐 수 없다. 하지만 그가 건축가로서 활동한 25년 동안의 업적은 마치 100세를 산 듯 엄청난 것이었다. 그의 공간 사옥은 어떤 조사를 해도 최고의 한국 현대건축 리스트에서 선두 위치를 놓친 적이 없어 나를 부끄럽게 한다. 그가 불

공간 사옥.

과 35세에 설계한 한국과학기술연구원KIST 본관은 1966년 당시 해외 선진도시에 지은 어떤 건축보다도 선진적이다. 비슷한 시기에 미완의 설계로 지어진 세운상가는 그 당시 세계 유수의 건축가들이 실현을 열망했으나, 거의 유일하게 서울에서만 완성된 메가스트럭처Mega Structure였다. 지금도 이를 목격한 외국 건축가들은 열광하며, 이 건축들이 왜 해외에 알려지지 않았는지 의아해한다. 마산성당, 경동교회, 청주박물관 그리고 주옥같은 주택들, 어느 하나 빠질 것 없이 한국 현대건축에 남긴 보석이고 모더니즘의 족적이 희미한 우리가 반드시 보존해야 할 현대의 유적이다.

믿기로는, 한국 문화의 토양 형성에 대한 김수근 선생의 공헌은 이보다 훨씬 더 크고 중요하다. 그러나 우리는 그를 너무 쉽게 잊었다. 자유센터와 타워호텔은 분탕질과 서툰 변형으로 건축의 진정성을 잃게 했고, 우석대학병원은 아예 없애버렸다. 별빛 내리던 경동교회의 옥상은 뚜껑을 씌워 덮었으며, 청주박물관은 몰지각한 증축으로 공간을 변질시켰다.

그러고는 그의 분신이며 한국 현대문화 발아의 현장이던 공간 사옥을 상업 화랑에 팔아넘기고 만다. 공간 사옥은 그렇게 매매할 수 있는 부동산이 아니었다. 이 땅의 모든 게 빈한하던 시절, 문화와 예술로 그 척박함을 위로받는 시설이었고 무시하고 숨겼던 우리의 가치를 다시 발견하게 하는 장소였으며 그 자체만으로도 문화였는데, 그걸 팔아넘기다니……. 그 위험이 감지되었을 때, 공공이 인수하여 김수근기념관을 포함

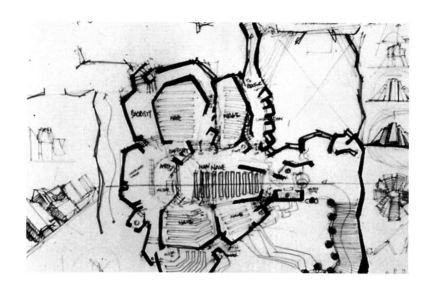

1977년 봄, 마산성당을 설계하면서 내가 그린 스케치인데, 김수근 선생이 이 도면의 우측 상단에 본인 생각을 그려 넣으시면서 마산성당 디자인의 실마리를 잡았다. 선생과 나눈 이런 종류의 스케치가 프로젝트를 진행할 때마다 수도 없이 많이 만들어졌다. 모두 보존할 수 있었다면, 적어도 한국 현대건축사에 대단히 중요한 기록으로 남았을 것이 틀림없다. 하나도 남아 있지 않다. 프로젝트가 끝날 때마다 그 지긋지긋했던 악전고투의 상처가 싫어서 모조리 불살라 없애버렸기 때문이다. 후회한다.

한 한국건축박물관으로 쓰자고 여러 사람과 뜻을 모아 서울시와 문화부 당국에 청을 넣어 긍정적 답변을 들었던 차였다. 그러나 그사이의 빈틈을 노리고 들어온 상업자본이 우리의 선한 의지를 짓이기고 만 것이다.

선생이 병환으로 세상을 뜨며 남긴 30억 원의 빚, 우리 고유의 가치를 찾을 '한국학파'의 결성을 위해 그 암울한 시대와 거친 땅을 온몸으로 껴안고 사랑하고 사랑한 대가였다. 그러나, 그에게 측량할 수 없이 많은 문화의 빛을 진 한국 사회는 그를 위해 어떤 것도 무엇도 하지 않았다. 더러는 독재 정권과 유착했다며 선생의 삶 전체에 '훼칠'까지 하고 말았다. 이렇게 버려질 수 없어, 후배들이 푼돈을 모아 만든 가난한 문화재단 하나가 겨우 김수근건축상이라는 행사로 그를 기억시키려 안간힘을 쓰고 있을 뿐이다.

그런데 얼마 전, 강남의 라마다 르네상스호텔을 헐고 그 자리에 더욱 큰 호텔과 상업시설이 들어서기로 했다는 기사를 보았다. 신문에 보도된 새로 들어설 건물은 30년 동안 그 자리를 지키던 건축을 깡그리 지우는 깡패 같은 모습이었다. 말이 거친가?

흔적조차 없애려는 그 르네상스호텔은 바로 김수근 선생이 병상에서 그린 유작이다. 우리가 그렇게 반문화적이며 이 시대가 이렇게까지 몰염치한가?

**건축과 장소,
그리고
시간**

19

역사를 왜곡하는 오만과 극우적 발언으로 한국인의 마음을 곧잘 상하게 한 아베 신조安倍晋三(1954~)도 이 건은 어쩔 수 없었던 모양이다. 착공을 앞둔 2020년 도쿄 올림픽 주경기장의 설계를 원천적으로 바꾸라는 시민의 요구에 굴복하고 말았다. 공사비가 당초 계획보다 훨씬 많이 든다는 이유로 받아들였다지만 사실은 더 미묘한 문제가 있었다.

국제현상공모를 통해 당선된 이 경기장은 그 크기나 모양이 주변의 풍경과 어울리지 않았다. 더구나 일본이 자랑하는 건축가 단게 겐조丹下健三(1913~2005)가 설계한 기존의 경기장들을 지배하는 압도적인 모습에, 건축계를 중심으로 건립 반대 운동이 일었던 차였다. 점잖은 인품을 지닌 노건축가 마키 후미히코槇文彦(1928~)까지 그 선봉에 있었다. 남의 일에 참견하기를 싫어하는 일본의 지식인과 건축가가, 남이 설계한 작품 그것도 공모로 당선된 세계적 외국 건축가의 건축을 두고 안 된다고 하는 것은 지극히 드문 일이며 어쩌면 금도를 벗어나는 태도였지만, 도쿄의 전통적 풍경을 해칠 것을 확신한 그들에게는 그만큼 절박한 것이었다. 우주선을 닮은 그 경기장의 설계자는 얼마 전 갑자기 세상을 떠난 자하 하디드Zaha Hadid(1950~2016)이며, 이라크 태생의 영국 건축가인 이 여성은 세계적으로도 각광받는 건축가 중 한 사람이었다.

2013년의 일이다. 베이징에 그녀가 설계하여 지은 '갤럭시 소호'Galaxy Soho라는 이름의 주상복합건물에 대해 영국왕립

건축가협회에서 국제건축상을 수여하려 하자 베이징의 시민 단체인 '베이징 문화유산보호회'에서 항의 서한을 보내는 일이 발생했다. 서한은 "33만 제곱(평방)미터 규모의 이 거대 건축은 베이징의 고유 풍경에 대한 전형적 파괴 행위였으며, 유산보호법규마저 수없이 위반한 바 있다"라는 힐난으로 시작한다. "이 건축이 베이징의 옛 거리 풍경과 역사적인 도시 구조, 전통적 주거단지의 보전에 엄청난 손실을 입혔는데도, 이를 시상하는 행위는 힘 있는 또 다른 이들이 문화유산을 파괴하도록 더욱 부추기는 일"이라고 적시하면서 "이런 분별없는 개발로 중국인이 겪어야 하는 고통을 영국왕립건축가협회가 이해해줄 것"을 촉구하고 항의하였다.

그런데 그들이 우려한 베이징의 문화유산 파괴 행위는 자하 하디드가 처음이 아니었다. 예컨대 톈안먼天安門 광장 인근에 세운 오페라극장國家大劇院은 베이징 전통가옥인 사합원 수백 채를 멸실하고 얻은, 달걀을 반으로 쪼개어 뒤집어놓은 듯한 거대 구조물이었다. 또한 베이징의 현대적 상징이 된 듯한 CCTV 사옥은 상식의 허를 찌르는 거대 건축으로, 엄격한 질서를 가지고 있던 역사도시에 충격을 준 바 있다. 베이징 올림픽을 앞두고 국가 이미지를 갱신하기 위해 수없이 많은 후통胡同과 오래된 건축들이 속속 파괴되었고, 역사적 기억이 누적된 땅 위에 짓는 건축에 대한 경험이 부족한 시 정부와 디벨로퍼들은 외국 건축가를 대거 초청하여 마음껏 설계하도록 부추겼다. 문화유산에 대해 엄격한 자국 도시에서 늘 창작에 제

2008년 베이징 올림픽 개막을 성공적으로 마친 중국은 자부심이 충만한 가운데 2009년 2월 9일 새해맞이 행사를 거행하였는데 폭죽이 밤하늘을 환상적 무대로 장식하던 순간, 베이징의 새로운 아이콘이 된 CCTV 부속 건물에서 화재가 발생하고 말았다. 한 인부가 옥상에서 폭죽놀이를 하다 벌어진 이 화재 현장이 세계에 생중계되면서, 각 방송은 화려한 랜드마크적 건물군의 풍경에 가려진 중국의 현실을 들추며 희화화하였다.

약을 받던 외국의 건축가들에게 이보다 좋은 기회와 조건의 실험 무대가 없었다.

물론 이런 반달리즘vandalism적 현상을 비판하는 지식인층이 등장하기도 했다. 리화동李華東(1973~) 같은 중국의 젊은 문화평론가는 "서양 자본주의의 광기가 베이징 하늘을 뒤덮고 있다"라는 글을 쓰며 이들을 싸잡아 비판했다. 그러나 이미, 베이징은 서양 건축가들이 억제해온 욕망을 분풀이하듯 쏟아내는 각축장이었으니, 이 2,000년 역사도시의 땅은 현대도시의 꿈을 잉태하기 위해 고통스럽게 그들의 욕망을 받아내었다. 갤럭시 소호는 그런 문화제국주의에 중국의 지성들이 집단으로 분노하여 항의한 첫 번째 사건이 된 것이다.

자하 하디드의 우주선 같은 건축이 급기야 서울에도 등장했다. 동대문 옆, DDP로 불리는 이 건축도 국제현상공모를 통해 탄생했다. 이 땅은 서울의 옛 성곽이 지나간 중요한 지점이며 조선 시대 훈련도감訓鍊都監이 있던 곳이다. 또한 낙산과 남산을 이어주는 구릉이 있어 수십 년 동안 서울 시민의 격정과 환호를 뿜어내게 한 경기장이 위치했으니 수백 년의 역사적 기억이 누적된 중요한 장소다. 그러나 심사위원회가 선택한 당선안은 이 모두와 어떠한 관계도 가지지 못하는 생경한 모습이었다. 국내에서 치르는 설계 경기임에도 심사 과정에서 영어를 유일한 공용어로 삼는다 했을 때, 이는 외국 건축가들에게 이 땅의 역사적 실체에 대한 탐구를 하지 않아도 된다고 암시하는 것처럼 보였다. 괜한 내 자격지심이었을까?

내 기우가 맞았다. 착공을 앞두고 지표조사地表調査를 시행하던 중 당연히 옛 성곽의 유구遺構가 나타났고, 땅속에 묻혀 있던 이간수문二間水門 같은 중요한 역사유적이 드디어 발굴되었다. 당선작은 이를 도무지 예견하지 못한 안이었다. 그런데도, 일정 맞추기에 급급한 당국은 약간의 설계 변경으로(그러나 이로 인한 추가 비용은 막대하였다) 이 역사적 사실을 초현대식 건축 뒤에 숨게 하고 만다. 발굴된 몇 낱 조선 시대 주거지는 불청객의 모습으로 뭉뚱그려 초라하게 전시되었으니, 능멸이었다.

한 일간신문과 건축 잡지가 건축 전문가들을 상대로 공동조사한 설문에서(이런 선정적인 기획이 이 땅의 건축 문화 진작에 전혀 도움이 되지 않지만) 이 건축은 완공되기 전에 이미 최악의 현대건축 중 하나로 선정되었다. 문제가 하나 더 있었다. 애초 예정한 공사비를 몇 배나 초과한 이 비싼 건축이 용도조차 불분명하여 그 용처를 찾느라 애를 먹어야 했다. 그러나, 이 우여곡절의 건축이 완공되고 일반에게 공개되자 반응은 폭발적이었다. 유려하게 이어지는 건물의 곡선과 현란한 공간의 형상은 여태껏 경험하지 못한 세계였다. 하루에도 수천 명이 찾아들 정도이니 대단한 성공으로 여겨졌다. 그 틈에, 이를 기획했던 전임 시장까지 은근히 나서 본인의 업적이 후임 시장의 잘못된 정책으로 오도되었다고 말했다.

물론, 이 우주선 같은 건축이 역사적 사실을 파괴했다고 해서, 장소에 대한 기억을 상실시켰다고 해서, 주변과 어울리지 않아 생뚱맞다고 해서, 그 많은 노력과 비용이 든 건축을 없앨 수는 없다. 오히려 이 건축은 자하 하디드의 다른 건축들과 마찬가지로 그 자체로는 대단히 아름답고, 소위 기념비적이다. 이미 시민에게 대단히 사랑받기 시작한 이 건축을 더욱 세심하게 관리하여 이 시대가 만든 위대한 업적의 하나로 만들어야 할 책무도 우리에게 있다. 그렇게 될 것이다. 그런데, 그렇다고 해도 또 하나의 일이 있다.

19세기 말 에펠Eiffel탑이 파리에 세워졌을 때, 도시 미관을 해친다며 파리의 지식인들이 대거 항의했다. 반대 운동의 선봉에 있던 모파상Guy de Maupassant(1850~1893)은 이 흉물을 보지 않을 수 있는 장소가 이 탑의 식당밖에 없어 그곳에 간다고 할 정도였다. 그러나 지금, 에펠탑 없는 파리를 생각할 수 있는가? 또한 파리의 화려한 풍경을 만드는 대로들도 19세기 초 빈번한 민중 소요 사태를 쉽게 진압하기 위해 미로처럼 얽힌 가로망을 불도저로 밀며 만든 결과라고 한다. 서민의 삶을 짓밟고 만든 샹젤리제나 오페라 거리이지만, 이 거리 없는 파리의 모습을 이제는 상상할 수 없다.

그러니 이 스펙터클한 DDP도 앞으로 서울의 풍경을 그릴 때 빼놓을 수 없는 상징물이 될 것이 틀림없다. 그렇게 시간은 건축을 만든다. 그러나 그게, 우리의 역사를 희생시키고

DDP로 불리는 동대문디자인플라자 현상공모에서, 나는 이곳의 지형을 복구하고 역사를 기억하게 하며 도시를 회복하는 것을 새롭게 나타나는 건축의 목표이자 주된 개념으로 삼았다. 그래서 건축을 통해 원지형의 높이를 찾고, 성벽을 다시 세우고 경기장마저 일부를 남겼다. 그리고 전부 개

방하여 누구든지 이곳에서 자유 시민의 축제적 일상을 만들 수 있도록 했다. 어떻게 보면 도시적 인프라를 제안한 것인데, 역사적 적층이 복잡다단한 이곳에 건물을 세우는 것이 온당치 않다고 여긴 까닭이다.

우리가 살았던 기억을 망각하게 하고 새 풍경에 도리 없이 순응하여 얻은 것임을 아는 나는 너무도 뼈아프다. 다시는 이를 되풀이하지 않기 위해, 이런 글로라도 사라진 기억을 전하는 일이 남은 것이다. 너무 무력한가?

우리는
위로받고 싶다

갑자기 미테랑François Mitterrand(1916~1996) 대통령이 생각났다. 내가 아는 한, 금세기에 가장 문화적인 대통령이다. 우파 정권을 누르고 대통령에 당선된 직후 그는 도시재생과 관련한 '그랑프로제'Grands Projets라는 정책을 바로 추진한다. 그런데 그 과정을 보면 대통령은 그냥 지시만 하는 게 아니었다. 예컨대 루브르Louvre박물관 신관 설계를 중국계 미국 건축가 이오 밍 페이Ieoh Ming Pei(1917~)에게 직접 맡겨 놀라게 하더니, 이 동양인이 바로크 형식의 기존 박물관과 대비되는 유리 피라미드의 설계안을 내놓아 많은 이들이 주저하자 대통령은 그 파격적 디자인을 적극 옹호하고 짓게 했다. 물론 그 결과로 바로크 형식의 루브르박물관은 현대적 아름다움도 같이 가지게 된다.

그뿐만인가. 가운데를 텅 비운 '그랑드아르슈'Grande Arche를 쇠락해가던 라데팡스 지역 끝에 지어, 루브르박물관에서 시작하여 개선문까지로 한정되었던 파리의 도시 중심축을 한껏 넓히기도 했고, 파리 외곽의 소(牛) 시장 지역이었던 라빌레트를 특별한 공원으로 바꾸며 해체주의라는 새로운 건축 개념도 실현했다. 또한 프랑스혁명의 역사적 장소인 바스티유 감옥을 오페라극장으로 바꾸었는데, 지휘자 정명훈鄭明勳(1953~)이 활약하기도 하는 등 세계적 문화의 명소가 되었다. 한때 문학도여서 그랬을까, 지적 감수성이 풍부한 그를 통해 드러난 새로운 프랑스 건축과 문화는 눈부시도록 빛났다.

1989년, 그랑프로제의 하나인 프랑스국립도서관Bibliothèque nationale de France 현상공모에서 심사위원단이 두 개의 안을 뽑은 후

최종 결정을 대통령에게 미루는 유례없는 일이 발생했다. 퐁피두센터Centre Georges Pompidou를 설계한 렌초 피아노Renzo Piano (1937~)도 포함된 심사단이었지만 대통령의 식견을 더욱 신뢰하고 경외하여 위임한 것이다. 과연, 미테랑 대통령은 특별한 형태로 조형미를 강조한 설계안이 아니라, 단순하고 정제된 외관과 아름다운 공간 조직을 가진 안을 택함으로써 품위 있는 그의 지적 취향을 가감 없이 드러냈다.

1996년 이 도서관의 준공식에서 미테랑은 당시 마흔세 살이었던 설계자 도미니크 페로Dominique Perrault(1953~)(그는 이화여자대학교의 ECC도 설계했다)를 옆에 세우고 다음과 같이 말한다.

"그의 디자인은 대칭 속에서 명료하며 선들은 절제되고 그 속의 공간들은 참으로 기능적입니다. 마치 침묵과 평화의 요구인 것처럼 이 건축은 지면 속으로 파고들었으며, 네 개의 타워는 이 도시의 심장부인 광장을 만들었습니다. 땅과 하늘 사이에 생겨난 이 도서관의 산책로는 모두에게 열려 있어, 현대도시의 새로운 거처인 이 넓은 공공의 공간에서 우리는 만나고 섞이게 됩니다. 페로의 이 작업은 일개 건축이 아니라 미래를 예시하는 하나의 도시계획입니다. 바로 그가 인류가 갈망하는 지식과 아름다움을 위한 위대한 성취를 이룩한 것입니다."

그의 평론은 더없이 명료하고 지적이며 감동적이었다. 대통령으로 인해 위로받고 행복했던 프랑스는 이 도서관을 급기

미테랑도서관.

야 미테랑도서관Bibliothèque François-Mitterrand이라고 이름 지으며 그를 영구히 기리기로 한다. 그가 대통령직을 마친 후, 예전에 저지른 불륜으로 인한 혼외자식 문제가 드러나자 그 사건이 불륜이 아니라 아름다운 사랑의 이야기로 회자될 정도로 프랑스는 그를 보호하고 사랑했다. 그가 1996년 병환으로 세상을 떠나자 온 세계가 연민의 정을 쏟았으며 정적政敵인 시라크 Jacques Chirac(1932~)마저 눈물로 그를 추모했다.

1997년, 미테랑 대통령의 문화적인 업적을 이은 프랑스 정부는 2000년까지 무려 3년 동안 '2000년 포럼'을 운영하며 21세기를 어떻게 맞이할 것인지 논의한다고 하였다. 내 기억이 틀리지 않는다면, 우리 한국은 아마도 2000년을 6개월인가 앞두고 '새천년준비위원회'를 만들며 새 시대를 맞을 준비를 시작했다. 오랜 기간의 논의를 거친 프랑스는 2000년이 시작되기 전에 21세기맞이 행사계획을 다음과 같은 내용으로 발표한다. "2000년 1월 1일부터 12월 31일까지 '모든 지식의 대학'이라는 주제로 우리가 어떻게 사는 것이 좋을지 매일 토론한다. 과학기술을 주제로 200여 회, 인문과학으로 100여 회, 21세기의 장점에 대한 내용으로 60여 회를 구성하는 이 토론회는 미테랑도서관과 퐁피두센터, 과학의집에서 개최되며 매일 TV로 생중계하고 기록하여 모든 일정을 마치면 책으로 발간하여 보존할 것이다."

이 계획을 듣는 순간 나는 망치로 머리를 맞은 듯 멍해졌다. 그 당시 우리나라는 무엇을 준비하고 있었는지 기억하시는가? 한국의 대표적 지성이며 문화부장관을 지낸 분이 당시 준비위원장이었다. 그런데, 우리는 21세기맞이 행사로 DMZ에서 레이저를 쏘아대며 불꽃놀이 쇼를 진행한다고 했다. 모멸이었다. 국가 간 품위와 문화의 격차를 확연히 보여주는 순간이었고, 그 어쩔 수 없는 간극의 크기에 나는 절망하였다.

그러나 이를 한동안 잊고 있었다. 하도 한류 붐이 인다고 하고 IT 강국이라고 하며 세계 10위권의 경제대국이 되었다고 하며 심지어 한국의 표준이 세계의 표준이 된다고 하는 터라, 이 나라 국격의 실체를 잊고 있었다. 심지어 나도 밖에 나가 거들먹거리기까지 했으니…….

생각해보면 미국에 가서 성추행을 저질러 공인 의식 부재를 증명한 청와대 대변인의 행태가 신호였다. 온갖 잡음과 물의가 끊이지 않더니, 마침내 세월호 앞에 국가의 최고 직무인 국민 안전과 행복이 실종되고 말았다. 그때라도 그 실종의 진실을 철저히 밝힐 수 있었으면, 이 나라는 다시 새로워졌을 게다. 그러나 진실을 은폐하기 위한 수상한 조치들이 연이어지면서 국가가 조폭과 다름없다는 말을 다시 상기하고 말았다. 급기야는 메르스MERS에 이르러 국가가 민간 병원을 비호하느라 공공의 이익을 배반하여 위험을 증폭시킨 현장을 똑똑히 본 것이다. 노부부가 죽고 직무에 충실하던 의사가 위험에 처했다. 이웃나라 중국은 환자를 관리하지 못한 우리 국가의 조치를 비난했고, 거리를 채우던 중국인들은 떠났다. 회의에 참석하기로 한 외국 건축가는 약속을 미뤘고 해외의 친지들은 연일 안부를 물어왔다. 헬싱키에 간 동료 건축가는 호텔 숙박을 거절당했다고 알려왔다.

안 그래도 가난해서 죽고 외로워서 죽는 일이 일상이다. 의기소침해지고 자격지심으로 울컥한 우리 국민에게 위로와 격려가 절실한데, 공공의 안전과 행복을 지켜줘야 할 정치권은 그저 그들의 조폭적 이익에만 관심이 있고 이도 저도 못마땅한 대통령은 저의底意, 배신, 심판 같은 언어로 상처 입은 국민의 가슴을 또 후비고 팠다. 이게 나라인가?

전 시대부터 지금까지 줄곧 우리 정부의 관심은 경제 살리기라는 것인데, 어느 경제학자가 지금은 불황이 아니라 저성장의 시대라고 했다. 호황은 앞으로는 오지 않는다는 것이니, 그의 말이 맞는다면 우리 정부의 정책은 빗나간 것이다.

무엇보다, 경제 이야기는 지난 수십 년간 귀에 못 박히도록 듣고 따르며 살아왔는데 우리 삶이 지난 시대보다 행복한가? 우리보다 못사는 나라의 행복지수가 월등 높은 걸 보면 경제는 행복과 동의어가 아니다. 그렇다면 경제가 아니라 행복을 이야기해야 하지 않을까? 돈 문제는 말할수록 공허하지만, 행복은 나눌수록 더욱 커진다고 했다. 1년 365일 내내가 아니더라도, 단 며칠만이라도 오로지 행복에 관해서만 이야기하면 안 될까? 우리는 정말 위로받고 싶다.

18세기 중엽, 프로이센 출신으로 러시아의 절대군주가 된 예카테리나 2세Ekaterina II(1729~1796)는 남편인 표트르 3세Pyotr III (1728~1762)를 축출하면서 제위에 오를 만큼 권력 지향적 인물이었다. 그녀의 러시아는 폴란드 분할과 크림반도 합병으로 영토를 확장하고, 내부로는 행정 개혁과 문예부흥을 성공적으로 이뤄 절정의 시대를 구가한다. 이방의 여인임에도 러시아의 전통과 풍습을 적극적으로 받아들이는 모습을 보여 러시아 국민의 사랑을 얻은 그녀는 예카테리나 대제大帝로도 불렸으니 대단히 성공한 통치자다.

무소불위의 권력을 휘두른 측천무후則天武后(624?~705)와도 곧잘 비교되는데, 특히 남성 편력에서 둘은 막상막하였다고 한다. 예카테리나 2세의 많은 정부情夫 중에 크림반도 총독으로 임명된 그레고리 포촘킨Grigory Potemkin(1739~1791)이라는 인물이 있다. 1787년 여제가 크림반도를 시찰하겠다고 하자, 조잡하고 낙후된 마을 풍경이 마음에 걸렸던 포촘킨은 잘 정돈된 시가지 풍경을 그린 대형 가리개를 강변에 급히 줄지어 세운다. 그리고 주민들을 그 앞에 정렬시켜 여제가 배를 타고 지나갈 때 환호하게 한다. 예카테리나 2세가 흡족해하여 포촘킨은 그녀의 환심을 사는 데 성공한다.

총독의 이름과 건물의 정면을 뜻하는 '파사드'facade를 합친 '포촘킨파사드'라는 단어는 전시적 도시 풍경을 설명할 때 쓰는 건축 용어로 남는다. 에이젠슈테인Sergei M. Eisenstein(1898~1948) 감독이 만든 무성영화 〈전함 포촘킨〉Bronenosets Potemkin(1925)을 기억하시는지. 다른 풍경을 빌려 합성시키는 몽타주montage 기법을 최초로 사용했다는 이 영화의 복선적 이름이 그래서 더 의미 있다.

전시용으로 급조한 거리 풍경, 이 '포촘킨파사드'의 경험을 사실 우리는 무지하게 많이 가지고 있다. 예컨대 1970년대에 남북회담이 성사되어 북측 인사들이 서울로 오게 되자, 이들이 지나가는 거리 뒤편의 거친 도시 풍경을 가리기 위해 합판을 세우고 페인트로 그림과 구호를 칠해 넣었다. 그들이 물러가면 어김없이 그 가림판들은 쓰레기가 된다. 외국 정상이 방문할 때도 가로변은 새 가리개와 현수막으로 뒤덮였고 우리는 가리개 앞에 설치한 줄 안쪽에 격리된 채 양국 국기를 흔들어야 했으니, 포촘킨의 도시와 다를 바가 전혀 없었다.

우리가 못살던 시절, 국빈급 손님들이 오면 대개 워커힐호텔로 숙소를 잡게 했다. 1962년에 지은 워커힐호텔은, 한국에 주둔하는 미군들이 휴가 때면 일본에 가서 쓰는 유흥비를 아깝게 여긴 군사정부가 그들을 붙들기 위해 워커Walton H. Walker(1889~1950)나 맥아더Douglas MacArthur(1880~1964) 등 한국전쟁에 참전한 미국 장성의 이름까지 붙이면서 급히 지은 위락시설이었다. 현실의 낙후된 시가지 풍경과 완전히 격리되었으니 고위 인사들의 일탈과 방종이 보장된 환상의 세계였다. 외국에서 오는 손님들이 김포공항에 내려 이곳으로 가려면 시가지를 통과할 수밖에 없었는데, 접근을 용이하게 하기 위해 삼일

포촘킨파사드적 도시 풍경을 만든 강남 테헤란로. 노선상업지구인 대로변에 밀집된 고층 건물들이 그 뒤편의 작은 근린생활시설들이 만든 거친 풍경을 감추고 있다.

(청계)고가도로까지 만들었다. 그런데, 고가도로가 지나는 청계천변의 가난한 풍경이 문제가 되자 고가 주변의 땅에 선형線形의 고층 아파트를 지어 그 바깥의 풍경을 가리게 했다. 현재도 일부가 남아 있는 청계천변 아파트가 실체화된 포촘킨의 도시 풍경이다.

어쩌면 이런 포촘킨파사드가 우리가 사는 현대도시의 전형적 모습인지도 모른다. 예를 들어 강남의 대로들을 가보라. 대로변에 즐비한 고층 건물의 화려한 파사드, 그 위에 명멸하는 네온사인과 불빛……. 욕망의 풍경이 만드는 환상으로 우리는 그 꺼풀 뒤의 실제 풍경을 쉽게 잊고 만다. 그러나 뒷길에만 들어가면 앞의 소란과는 비교할 수 없는 질박한 풍경이 전개된다. 집 장수들이 만든 주택과 거친 입면의 소형 건물, 그 사이의 좁은 길……. 사실은 이런 속살의 풍경이 이 도시의 진실인데도 질박함이 싫다 하여, 주요 가로변은 죄다 근린상업지구로 지정하고 고층의 상업 빌딩으로 가렸다. 우리가 살고 걷는 거의 모든 대로가 그러하니, 어쩌면 완벽한 포촘킨의 도시에서 살고 있는 게다. 겉살과 속살이 다른 도시, 우리는 그래서 늘 떠도는 삶을 사는가?

얼마 전, 세종대로변 서울시의회 건물과 덕수궁 사이에 새로운 풍경이 나타났다. 남대문 세무서 별관으로 쓰던 건물 하나를 허문 결과이다. 이 땅은 원래 덕수궁의 일부로서 영친왕英親王(1897~1970)의 생모인 귀비 엄씨貴妃 嚴氏(1854~1911)의 사당

'덕안궁'德安宮이 있었던 곳이다. 일제는 1937년 이 자리에 덕수궁 전각들을 내려다 볼 수 있도록 4층 높이의 조선체신사업회관朝鮮遞信事業會舘을 짓는다. 그로부터 10여 년 전인 1926년, 바로 뒤편에는 성공회성당이 지어진 바 있다. 영국 성공회가 서울의 한복판에 짓는 건축인 만큼 주변의 도시 풍경을 고려하여 기품 있는 로마네스크 양식으로 세웠지만, 일제는 이 아름다운 건축마저 가리고 만다. 사실 이 성당은 예산 문제로 인한 미완성의 건축이었다. 1996년 성공회성당의 증축이 논의되었을 때, 마침 이 성당의 전체 설계도가 영국에서 발견되었다. 건축가 김원金洹(1943~) 선생은 이미 성공회성당의 증축 설계를 의뢰받은 바 있었지만, 주저 없이 원설계대로 지을 것을 제안하여 전체를 완성하게 한다. 로마네스크적 힘과 절제의 아름다움이 고스란히 나타난 이 건축은, 그러나 가로변의 건물들에 가려져 안타깝게도 일반에게는 미지의 풍경이었다.

조선체신사업회관은 1930년대 당시 세계적으로 유행했던 모더니즘에 입각한 건축으로 내부 공간이나 외관의 구성이 준수하였다. 그러나 해방 후, 내부 개조와 증축을 거치면서 원형이 막대하게 훼손되었으며, 1980년에는 전면도로인 태평로 확장으로 급기야 정면부가 뜯겨나고 막된 입면을 가진 가로변 건물로 남았다. 그러다 최근 국세청의 통합 이전으로 이 건물이 비게 되면서 서울시가 논의 끝에 허물기로 결단을 내린다. 그러자, 흔하지 않은 풍경이 펼쳐진 것이다.

로마네스크라는 서양식 건물이지만, 오랫동안 이 땅에서

서울시는 성공회성당 앞 국세청 세종로 별관을 허물어 그 지하에 도시건축박물관을 건립하기로
하고 현상공모를 진행하여 젊은 건축가 조경찬·지강일·조용준·전진현·송민경의 설계안을 선
정하였다. 그들은 빈자리의 지표면을 경사로 만들어 광장을 조성하고 그 하부에 전시관을 설계하
면서 성공회성당을 대로변의 풍경으로 이끌어내었다.

비바람을 맞은 성당은 주변과 대단히 조화된 모습으로 나타났다. 지나는 이들이 발걸음을 멈췄다. 언제 이런 아름다운 풍경이 있었던가? 성소의 풍경이어서 그런지, 번잡함에 지친 삶이 위안까지 받는다고 했다. 성당만 보이는 게 아니었다. 덕수궁 돌담길도 보이고 옛길도 나타나고 그 너머의 풍경도 보였다. 서울의 속살이었다.

　사실 서울의 속살은 대단히 아름답다. 대로변을 벗어나 골목길로 들어서 보시라. 로마네스크 성당이 없다 해도, 한옥이 많아 보전지구로 지정된 곳이 아니라도, 그저 흔해 빠지고 남루하며 보잘것없는 동네의 길이라 해도, 그곳을 걸으면서 가슴속에 스미는 행복과 평화가 있다.

　우리 도시의 진실이 여기에 있음을 드디어 알게 된 외국 관광객들도 요즘은 가로변을 떠나 속으로 파고들고, 골목길에는 예쁜 가게가 하나둘씩 자리하기 시작했다. 도시의 속살이 빛을 보기 시작한 것이다. 그게 다른 것이 아니다. 포촘킨파사드의 허망에 지친 우리가 도시에서 보고자 하는 게 이제는 건축이 아니라 우리의 삶인 까닭이라는 것을 나는 안다.

**건축은
부동산이
아니다**

22

2015년, 제5회를 맞는 베이징 디자인 위크[北京国际设计周] 행사의 개막식 기조 강연을 요청받았다. 그 수준을 이미 몇 해 전에 경험한 적이 있어 행사를 만만히 보고 있었던 게 사실이다. 그래서 기조 강연인데도 다른 일을 핑계로 처음부터 참석하지 않고 내 순서가 닥쳐서야 강연장에 입장하는 오만을 부렸다. 게다가 중국 땅에서도 건축 설계 작업을 십수 년째 하고 있으니 중국의 건축과 도시에 대해서는 아주 잘 알고 있는 것처럼 행세했다. 솔직히 말하면 낮춰 본 게다. 그러나 이 모든 게 오산이었으며, 나는 끝내 적잖은 충격을 받고 말았다.

예컨대 중국의 건축가 100인을 불러 모아 펼쳐놓은 전시회는 모두가 놀라운 질적 수준을 지니고 있었다. 소위 건축계의 노벨상이라는 프리츠커상Pritzker Architecture Prize을 받은 왕수王澍(1963~)만큼 혹은 그보다 더 단단한 내공의 건축들이 즐비했으니 서양의 현대건축을 흉내 내기에 급급한 단계는 이미 벗어난 것이었다.

이 행사는 베이징 시내 곳곳으로 확산되어 있었는데, 톈안먼 광장 앞 전통적 주거 풍경이 보존된 지역에서는 옛 건축들을 빌려 전시장을 만들고 그 속에 도시와 건축에 관한 강렬한 제안들을 쏟아내었다. 더러는 중국의 젊은 건축가들끼리, 더러는 외국의 건축가들과 연대하며 만든 환상적 내용이었다. 여기뿐 아니라 예술 특구인 '798'에서, 공항 인근의 시설에서, 각급 학교에서, 또 공공기관 곳곳에서 펼쳐진 건축 향연의 기획과 내용이 여태껏 내가 아는 중국이 아니었다. 결국 나는 우리의 현대건축보다 훨씬 앞선 현장을 본 것이다.

내가 중국에서 건축 작업을 시작한 2000년만 해도 베이징 시내에는 자동차보다는 우마차와 자전거가 훨씬 많아 마치 우리의 1950~1960년대 도시 풍경을 보는 듯 했다. 게다가 석탄 연료가 내뱉는 매연과 열악한 위생시설이 뿌리는 악취 등은 전형적인 미개발도시의 모습이었다. 그러나 이 모습을 바꾸는 데 10년이 채 걸리지 않았다. 베이징 올림픽 때 천지개벽한 도시가 나타난 것이다. 나는 그때만 해도 그럴 수 있으려니 여겼다. 정부 주도력이 강한 사회이니 기념비적 거대 건축으로 한 도시의 풍경을 바꾸는 일이 그리 어렵지 않다는 것을 알며, 또한 이런 기념비적 건축의 도시가 지닌 생명력은 그리 오래가지 않는다는 것도 알고 있어서 한편으로는 냉소적이기까지 했다. 그러나 내 판단은 또 오류였다. 중국은 우리와 다른 궤도에 있었던 것이다.

우리나라 건축 시장은 정부의 엄청난 지원을 받는 건설회사가 줄곧 이끌어왔다. 서울 도시개발 기폭제가 된 강남개발은 정치권력과 건설자본이 그 이익을 공유하기 위해 기획했다는 것을 누구나 알 정도로 유착이 공고하였다. 공사뿐만 아니라 기획과 분양도 하게 된 건설 회사는 선분양이라는 특혜적 제도까지 받아서 그림만으로도 아파트를 분양하며 이득을 챙겼다. 한 번 만든 집의 도면은 파일로 저장하여 다음번에 똑같이 써도 아무 탈이 없었으니 건축 설계를 연구할 이유가 없었다. 심지어는 아파트 단지에 회사 이름을 붙였다. '삼성아파트', '현대아파트', '우성아파트'……. 수천 명이 모여 사는 마을의 이름이 건설 회사명인데도 우리는 이를 항의하기는커녕 선망하기까지 했다.

건설 회사 전성시대의 유일한 거침돌이던 분양가 제한마저 풀리자 넉넉한 공사비를 확보하게 된 그들은 닭장 같은 건축 공간을 해소하기보다는 기존 것과 똑같은 공간을 비싼 재료로 치장하며 '래미안', '힐스테이트' 등 요상한 이름으로 바꾸고 더욱 비싼 값으로 선분양하였다. 건축 설계? 있으나마나 한 그 절차는 건축 허가를 받기 위한 요식행위일 뿐이다. 그래서 요즘, 아예 설계까지 자체적으로 할 수 있게 해달라고 법령 개정까지 요구하고 있다.

중국의 행보는 전혀 달랐다. 건설 시장은 건설 회사가 아니라 민간 디벨로퍼가 주도한다. 이들이 정부로부터 땅을 취득하면 우선 건축가부터 찾을 수밖에 없다. 성공적인 분양을 위해서는 이름 있는 건축가나 아주 좋은 설계가 필요한 것이다. 설계가 끝나면 당연히 건축가와 설계를 홍보해야 한다. 건설 과정에서도 우리처럼 종합 건설 회사가 일반적으로 있는 게 아니어서 분야별로 발주를 하는 까닭에 각 부분을 지휘하고 조정할 수 있는 건축가의 도움이 절실하다. 건축가의 권위가 보장되니 설계 또한 발전하지 않을 수 없다.

근래 지은 중국 아파트 단지들을 가보시라. 우리의 판에

량주문화촌의 풍경.

박은 듯한 아파트와 비교되지 않는 양질의 주거 풍경을 이미 구축해놓고 있다. 상업적 이득의 차원을 넘어 새로운 사회를 실현하기 위한 특별한 주거단지들도 속속 등장한다. 하나만 예를 들면, 항저우 북서쪽 량주라는 곳 250만 평의 땅에 최근 지은 '량주문화촌'良渚文化村은 거의 완전한 공유 사회다. 전체 주민이 함께 식사를 하는 촌민 식당, 주민 스스로 재배하고 만든 농산물과 생활품을 나누는 장터, 공유하는 교통수단 등 현대사회가 꿈꾸는 공유의 삶을 이미 실천하고 있다. 여기에 문화와 여가시설, 다양한 주거 형태 등……. 중국의 건축과 사회를 얕잡아 본 게 너무도 부끄러웠다.

우리 건축법에 규정된 건축의 정의는 "건축이란 건축물을 신축·증축·개축·재축하거나 건축물을 이전하는 것을 말한다"라는 내용이다. 이렇게 허무한 표현이라니……. 그러나, 건축을 건설과 분리시켜, 국토교통부 같은 곳이 아니라 문화부 산하 문화유산부에 소속하게 한 프랑스는 1977년에 제정한 건축법에서 이렇게 건축을 정의한다. "건축은 문화의 표현이다. 건축적 창조성, 건물의 품격, 주변 환경과의 조화, 자연적·도시적 경관 및 건축유산의 존중은 공공적 관심사다." 프랑스에게 건축은 문화이지만 우리에게는 부동산이라고 법에도 규정했으니 우리네 건축이 어느 나라엔들 앞서겠는가? 나는 자괴감 가득 안고 베이징에서 돌아올 뿐이었다.

서울과 지방의 도시 여러 곳에서 매년 가을이면 건축문

2015년 가을, 세종로 국세청 별관을 허문 자리에 임시로 지은 가설 건물에서 개최한 서울건축문화제.

화제가 열린다. 이 땅 곳곳에서 건축가들이 악전고투 끝에 이룬 건축들을 문화의 이름으로 펼쳐 시민들을 초청하는 행사다. 외면하지 마시라. 열악한 관행과 제도 속에서도 건축은 우리를 지속하게 하는 유일무이한 문화 형태라는 말을 믿고 부조리와 유혹을 뿌리치며 허연 밤을 새우곤 하는 이 땅의 선한 건축가들이 피땀 흘려 이룩한 성과이니, 여기서라도 우리는 건축이 부동산이 아니라 문화라는 희망을 얻어야 한다.

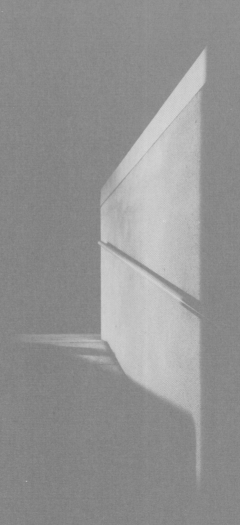

'박조 건축'의
기억

히틀러의 동역자였던 건축가 알베르트 슈페어, 먼저의 글에서 언급한 적이 있지만 우리의 역사교과서 논쟁과 다시 오버랩되었다. 건축을 통해 히틀러를 신격화하는 일에 혁혁한 공을 세운 그는 종전 후 열린 뉘른베르크 전범 재판에서, 지위에 비하면 비교적 낮은 20년 형을 선고받는다. 재판 과정에서 스스로 죄를 뉘우치고 히틀러와 나치의 잔학성을 밝히는 데 기여한 점을 감안한 것이다. 본래 그는 대단히 유능한 건축가의 자질을 가졌다. 그의 스승인 테세노프Heinrich Tessenow(1876~1950)는 20세기 초 독일 현대건축의 선봉에 있던 건축가이자 학자였으며 슈페어는 그의 후계자였다. 그러나 히틀러의 연설에 감동하여 스스로 나치당원이 된 그는 나치의 뇌라고 불린 괴벨스 Paul Joseph Goebbels(1897~1945)의 눈에 띄어 잘못된 길에 들어서고 만다. 그렇지 않았으면, 나치를 피해 미국으로 망명하여 건축가로서 만개한 미스 반 데어 로에Ludwig Mies Van Der Rohe(1886~1969)나 그로피우스Walter Adolph Gropius(1883~1969) 같은 20세기 거장처럼 인류의 진보와 행복에 대단한 족적을 남겼을 수도 있다.

그가 한 일은, 로마제국을 잇겠다는 히틀러의 환영을 좇아 고대 로마의 건축 형식을 재현하는 것이었다. 이미 시대는 20세기 기술 문명으로 진입한 지 오래였으며, 인간의 이성과 합리에 바탕을 둔 모더니즘이 시대정신으로서 활활 타오르고 있던 시점이었다. 특히 슈페어가 괴벨스를 처음 만난 1932년, 미국 뉴욕의 현대미술관Museum of Modern Art, MoMA에서는 '국제주의 양식'The International Style이라는 새로운 단어를 타이틀로 내

걸고 새로운 시대와 새로운 건축의 형식이 도래했음을 선언하며 미스와 그로피우스를 포함한 건축가들의 전시회를 개최하고 있었다. 그러나 히틀러와 슈페어 등은 그들의 도착적 이념을 달성하기 위해 흘러간 옛 시대의 건축 양식에 파묻히고 만 것이다.

베를린을 신성로마제국을 잇는 제3제국의 수도로 개조하려던 게르마니아라는 이름의 도시계획은 그 모든 시대착오의 집합이었다. 고대 로마의 신전과 궁전을 모방한 외관과 엄청난 크기의 돔 지붕, 이를 지지하는 거대한 열주들……. 시대는 철과 유리의 투명한 건축과 하늘로 치솟는 마천루로 테크놀로지 미학의 경쟁에 열광하고 있는데, 그들은 전 시대적 미망에 몰두하며 퇴행한 것이다. 물론, 시대 가치와 동떨어진 그들의 제3제국 건축은 그들의 멸망과 더불어 역사에서 사라지고 말았다.

우리나라에도 그와 유사한 시대가 있었다. 예컨대 1966년에 정부에서 중앙박물관(현재는 국립민속박물관으로 쓰고 있다) 설계를 현상공모하며 내건 지침은 이러했다. "건물 자체가 어떤 문화재의 외형을 모방함으로써 콤포지션composition 및 질감이 그대로 나타나게 할 것", 그리고 "여러 동이 조화된 문화재 건축을 모방해도 좋음".

한마디로 퇴폐적이었다. 건축계를 비롯한 문화계에서 이 어처구니없는 조건에 대해 대대적인 성토가 있었고, 거의 모든

히틀러와 슈페어의 게르마니아.

건축 단체와 건축가가 공모에 불참하겠다는 성명과 의견을 냈지만 정부는 요지부동이었다. 결국 강행된 공모에서 한 나라의 중앙박물관 건축인데도 겨우 열 개 작품이 응모하는 초라한 결과를 낳았으며, 그나마 일곱은 자격 미달이어서 세 개의 안을 놓고 상을 나누게 된다. 당선작은 기괴했다. 법주사法住寺의 팔상전捌相殿과 화엄사華嚴寺의 각황전覺皇殿, 금산사金山寺 미륵전彌勒殿, 불국사佛國寺 기단 등을 파편적으로 이리저리 조합한 치졸의 극치였다. 모두가 비난했지만 정부는 건축을 강행하여 완성하고 만다. 장소성과 시대성에 적합해야 하며 건축의 기능에 합목적적이어야 한다는 건축의 근본을 철저히 욕되게 하였음에도, 이 건축은 50년이 넘는 세월을 버티며 여전히 한국 건축의 수치로 남아 있다.

그러나 이 건축은 시작일 뿐이었다. 1970년대에 들어서 유신독재 체제를 갖춘 군사정부가 내세운 '한국적 민주주의'라는 구호를 기억하시는지. 다른 나라에는 없는 민주주의라는 말이니 보편적 가치와는 애초에 동떨어질 수밖에 없었다. 존경받던 학자들이 훼절하여 궤변을 늘어놓고, 예술과 문화 영역에서 '한국적'을 위한 표현이 강제되었다.

그 가운데서도 건축은 이 광풍을 표현하기 위한 중요한 도구로 간주되었을 게다. 정부나 관공서에서 발주하는 모든 공공 건축물의 설계 지침에 '한국성의 표현'이 첫 번째 조건으로 들어갔다. 한국성, 이 문제는 대단히 중요한 과제여서 시대를 거듭하며 수없이 많은 연구와 논쟁이 있었고 숱한 논문이 발표된

바 있다. 지금도 논쟁 중이며, 어쩌면 우리 후대에서도 늘 논쟁 되어야 할 중요한 문화적 이슈다. 그러나 다급한 1970년대 정부 관계자들에게 이런 논쟁이 쓸모 있을 리 없었다. 그래서 나타난 게, 목조 흉내를 낸 콘크리트 건물에 '계란색'을 칠하고 그 위에 개량 기와를 얹은 밑도 끝도 없는 건물이었다. 사생아 였지만 유신독재 정부에게 대단히 사랑받아 공공청사를 비롯 한 거의 모든 공공건축이 이 껍질을 뒤집어쓰며 태어났으니 대표적인 게 광주박물관, 국기원, 어린이회관 등이었다. 나의 스승인 김수근 선생은 이들을 일컬어 '박조朴造 건축'이라 부르 며 냉소하였다. 정권의 홍보와 상징에 동원된 건축과 건축가 의 이름은 결국 수치로 남는다.

나치의 도시 게르마니아는 그 일부가 지어졌지만 폭격으로 파괴되어 모두 사라지고 만다. 그 비뚤어진 도시의 축과 맞닿는 운터덴린덴 가로변에 베벨 광장이라는 곳이 있다. 꽤 넓은데도 그 흔한 동상이나 조각 하나 없이 모두 비어 있는 이곳의 한쪽에 사방 1미터 남짓한 유리가 바닥에 놓여 있고 그 안으로 백색의 빈 서가가 설치된 것을 볼 수 있다. 이는, 1933년 괴벨스의 충동을 받은 소년 나치대원들이 유태계 지식인들의 책 2만 권을 이 장소에서 불태운 것을 기념하는 설치물이다. 프로이트Sigmund Freud(1856~1939), 레마르크Erich Maria Remarque(1898~1970), 하이네, 마르크스Karl Heinrich Marx(1818~1883), 아인슈타인Albert Einstein(1879~1955)의 저서들이 '더러운 정신'의 소산으로 지목

우리나라 불교건축은 전통건축의 형태에 과도하게 집착하고 있다. 불교의 본질과도 어긋나는 이 관습이 현대 불교건축의 발전을 가로막고 있었는데, 마곡사 경내 조계종 전통불교문화원의 건축가로 나를 정한 것은 관습에서 벗어나도 좋다는 신호였다. 나는 여기서 오로지 길과 비움을 주제로 한 전통적 공간의 축조를 그렸다. 전체 시설 중 일부만이 지어졌지만, 그 목표는 대략 완성되었다.

당하며 화형에 처해진 것이다. 형체도 없어 소박하기 짝이 없지만 대단히 큰 울림을 주는 이 기념비 앞에는 하인리히 하이네의 글 하나가 동판 위에 새겨져 바닥에 놓여 있다. "이것은 서주序奏일 뿐이다. 책을 불태우는 자는 결국 인간까지 불태운다."

지금 쓰는 역사교과서들에 문제가 있다 치자. 그렇다고 죄다 없애고 하나의 지식만 주입하겠다는 정부와 학자들, 시대를 거스른 이 발상이 후대에 어떻게 기록될지 너무도 명확한데 그래도 강행한다니 무슨 중대한 이유가 따로 또 있는지 내 과문을 탓할 뿐이다.

이 집은
당신 집이
아닙니다

건축에 시간의 때가 묻어 윤기가 날 때, 그때의 건축이 가장 아름답다고 나는 즐겨 이야기한다. 처음에는 남루했어도, 거주인의 삶을 덧대어 인문의 향기가 배어나는 건축은 마치 살아 있는 생명체처럼 경이롭게 보이는 것이다. 그래서 진정한 건축은 건축가가 완성하는 게 아니라 거주인이 시간과 더불어 완성하는 것이라고 말해왔다.

물론, 건축이 거주인에 의해 완성된다고 해서 건축가의 책임이 덜어지는 것은 아니다. 건축가는 모름지기 그 건축이 담아야 하는 시간을 재는 지혜를, 그 풍경의 변화를 짐작하는 통찰력을 지녀야 한다. 그런 건축가가 만드는 건축이면 시간이 지날수록 더욱 빛나기 마련이며, 그렇지 못하면 시간을 견디지 못해 소멸되거나 우리 환경의 일부가 되기 위한 비용이 만만찮게 든다. 그래서 애초에 건강한 건축을 만드는 게 중요하다.

그런데 건축은 건축가 혼자서 할 수 있는 일이 아니다. 건축주가 있어야, 구조나 설비 등 다른 분야 엔지니어들의 협력이 있어야, 시공이라는 대장정을 거쳐야만, 비로소 우리 삶을 담을 건축이 만들어진다. 이 험난한 과정을 거치는 동안, 건축가가 처음 가진 생각을 끝까지 유지할 수 있다면 그는 위대하다. 수없이 많은 장애와 불가측의 요소가 온 과정에 즐비해, 건축가는 으레 상처투성이의 결과를 보고야 만다. 그 상처투성이의 건축이 그래도 감동을 준다면 애초의 모습은 대단히 숭고한 아름다움을 가졌을 것이다. 사회의 구조가 후진적일수록 협업과 프로세스는 모순과 비상식으로 얽혀서 그 결과는 참담하기 때문이다. 건축이 시대의 거울이라고 하는 오래된 말은 그 사회가 가진 시스템의 산물이 건축이라는 말과 같다.

건축의 시작은 클라이언트의 등장에서 비롯한다. 이는 의사나 변호사도 마찬가지인데, 건축가와 더불어 세상에서 가장 오래되었음직한 이 세 가지 직업은 유사점이 많다. 개인의 건강과 사회의 정의를 지키고 가족의 단란함을 보장하는, 많은 사람들의 생명에 관한 일인 만큼 그 직무에 관한 자격이 공인되어야 해서 라이선스가 필요하다는 것(우리나라에서는 건축가 중에서 자격증을 취득한 이를 건축사라고 한다)도 공통점 가운데 하나다. 이 직업들은 의뢰인의 종류 때문에 그 성격도 바뀐다. 의사는 주로 몸이 불편한 환자가 찾고 변호사는 마음이 불편한 소송인이 찾는다. 그에 비해, 건축가에게는 새로운 삶에 대한 꿈을 가진 이들이 건축주로서 찾아온다. 그러므로 건축주의 꿈을 실현해주는 일이 건축가 직능의 목표라고 말할 수 있다. 그러나, 그게 다일까?

내가 믿기로는, 건축가는 건축주를 위해 일하지만 동시에 사회와 시민을 위해서도 일해야 바른 직능을 지닌 이다. 왜냐하면, 건축주가 자기 재산으로 개인의 집을 짓는다 해도 길 가는 행인이나 옆집 사람도 그 집에 영향을 받을 수밖에 없기 때문이다. 따라서 좋은 건축은 집주인뿐 아니라 일반 시민의 이익도 지켜줄 수 있어야 한다. 어쩌면 건축주는 그 건축의 사용권만 가질 뿐, 소유권은 사회가 갖는 게 맞다. 건축이 목표하

킹 비더King Vidor(1894~1982)가 감독한 영화 〈마천루〉The Fountainhead(1949)[원작 소설은 아인 랜드 Ayn Rand(1905~1982)의 『더 파운틴헤드』The Fountainhead(1943)다]에서 주인공인 건축가 하워드 로크Howard Roark를 연기한 게리 쿠퍼Gary Cooper(1901~1961)가 등장하는 장면. 신념에 찬 건축가 로크는 자신이 설계한 건축을 원안과 다르게 지은 것을 보고 이를 폭파하여 재판에 회부된다. 그는 자신이 준 생명을 거두었을 뿐이라고 말하며 건축이 지녀야 할 창조성, 사회적 가치와 윤리에 대한 논지를 펼쳐 무죄를 선고받는다.

는 바는 단순한 부동산의 가치를 뛰어넘는 공공성의 가치라는 것인데, 이는 바로 건축이 지녀야 할 윤리를 뜻한다.

그런 선한 건축 하나를 소개하면, 오래전부터 우리에게 일상의 행복을 전하는 『샘터』라는 잡지의 사옥이다. 샘터 사옥은 서울 대학로 대로변 가장 번화한 곳에 있다. 1970년대 말에 지은 이 건축의 1층 가운데 부분은 비어 있어서 앞의 큰길과 뒤편 작은 길을 이어준다. 마치 도시의 로비처럼 바로 앞 지하철역을 빠져나온 이들이 서로 약속하여 만나는 장소이며, 비 오는 날이면 길 가다 비 그치기를 기다리는 행인들로 북적이는 공간이다. 이 지역에서 가장 땅값이 비싼 곳이니 막아서 카페 같은 공간으로 쓰면 큰 수익을 올리련만, 이 건축의 주인은 지난 수십 년간 이 공간을 그냥 공공에 내주어 이제는 모두를 위한 공공의 장소가 되었다. 난삽한 상업적 풍경이 득세하는 대학로에서, 오랜 시간의 윤기가 맑게 배인 벽돌 벽과 그 위를 덮은 담쟁이는 이 건축의 도시를 향한 헌신을 상징하며, 그래서 늘 넘보지 못할 기품이 있다. 이 건축이 40년 가까운 세월을 한 장소에서 변함없이 건축의 윤리적 사명을 지키고 있는 것은 건축가 김수근 선생과 건축주 김재순金在淳(1923~2016) 전 국회의장이 건축의 공공적 가치에 대해 완벽한 의견 일치를 이룬 결과임을, 두 분을 익히 알고 있는 나는 능히 짐작할 수 있다.

그런데 이런 행복한 결합만 있는 게 아니다. 건축주의 이익과 공공의 이익이 상충할 때, 이때 건축가는 누구의 편을 들어야 할까? 먼저 공공의 편에서 건축주를 설득하는 게 직능의 의무이지만, 그 설득이 유효하지 못하면? 바른 건축가가 되기 위해서는, 아무리 그 일의 금전적 보상이 크다 해도 유혹에서 벗어나 마땅히 그 일에서 떠나야 한다.

아주 오래전에 한 건축주가 내게 제법 규모가 큰 건물의 설계를 맡겼다. 땅은 대로변에 위치했는데, 다른 건물들이 죄다 도로경계에 바짝 붙어 있어 나는 도시 마당을 만들고자 건물을 뒤로 밀어 설계를 마쳤다. 설계안을 본 건축주는 임대 효과를 높이고자 다른 건물처럼 앞으로 당겨줄 것을 요구했다. 그러나 풍요로운 도시 풍경을 이유로, 내가 뒤로 물려야 한다는 의견을 굽히지 않자 심각하게 대립하는 지경이 되었다. 설득이 불가능하다는 것을 안 나는 급기야 해서는 안 될 말을 하고 만다.

"이 집은 당신의 집이 아닙니다."

그는 얼굴을 붉히며 떠나고 말았다. 그 당시 나는 건축가로 독립을 한 직후라 일이 궁하기 짝이 없었고, 규모도 꽤 되는 그 일은 사무실 운영에 참으로 요긴하였지만 실수하고 만 것이다.

그러나 한참 후에 다음과 같은 글을 읽게 되었다. 당나라 시인 유종원柳宗元(773~819)이 쓴 「재인전」梓人傳인데, 오늘날의 건축가에 해당하는 '재인'의 직능과 태도에 대해 단호히 기술하고 있다.

파주출판도시의 교보문고 사옥. 이 건축은 파주출판도시 건설 막바지에 짓게 되면서, 전체 공동성의 가치에 입각해 작성한 건축 지침뿐 아니라 이미 지어진 주변 건물의 정황까지 염두에 두어야 했다. 뒤편에 위치한 건물의 시야를 차단하지 않기 위해 건물의 볼륨을 크게는 여섯 개로 나누어 시선의 통로를 열어주어야 했고, 전체 도시를 관통하는 녹지의 흐름을 그대로 이어주기 위해 땅도 할애해야 했다. 하나의 건물로 짓겠다던 건축주가 여러 개의 작은 단위로 지어야 한다는 주장을 쾌히 받아주어 건축이 가져야 하는 도시적 윤리를 수행할 수 있었다. 그러한 까닭으로, 서적의 유통과 보관이 주 기능인 이 건축이 가질 수밖에 없었던 단조로움이 오히려 극복되는 결과가 만들어지면서 그 내부 공간이 대단히 다양해졌다.

"不由我則圯 … 悠爾而去 不屈吾道 是誠良梓人耳", 즉 자신의 직능을 방해받을 때는 유유히 떠나야 하며, 자신의 법도를 굽히지 말아야, 진실로 뛰어난 재인이라고 했다.

무려 1,200년 전에도 이랬는데…… 오래전 그 일은 실수가 아니었다. 나는 큰 위로를 받았다.

25

‘빈자의 미학’을 재론하며

나는 건축가가 본업인데도 여러 권의 책을 펴낸 저자가 되었다. 뜻한 바도 없었고 모두 어쭙잖은 글로 채운 책들이지만, 그중 몇몇은 해외에서 번역 출판되는 민망함을 겪기도 했다. 급기야 나의 첫 책인 『빈자의 미학』(미건사, 1996)도 중국에서 최근 출간되었다. 국내에서 나온 지 20년도 지난 이 작은 책을 중국에 소개하겠다는 출판사에게 그 이유를 물었더니, 물신에 휩싸인 지금의 중국에 필요한 글이라고 했다. 빈자의 미학. 서로 모순되는 듯한 두 단어의 나열로 반감까지 가끔 불러일으키곤 하는 이 제목은, 1992년 가을에 개최된 한 건축전시회에서 선언하듯 뱉은 말이다.

한때 신학을 전공하려 했다. 나는 왜 기독교도인가 하는 의문이 어린 시절 내내 따라다녔기 때문이었다. 그러나, 독실한 신자임에도 장남이 성직자 되는 것을 반대하시는 부모님에게 걸려 뜻을 이루지 못했다. 방황하던 나를 누님이 다독여 건축과로 진학하게 했으나 대학생활은 파행이었다. 유신독재에 맹렬히 저항하는 학생운동으로 학교는 휴교와 휴업이 일상이었고, 간간이 듣는 강의는 건축이 무엇인지 알고 싶어 하는 내게 전혀 도움이 되지 않았다.

학교를 겉돌기만 하다가 1974년 말 한국 건축계의 독보적 존재인 김수근 선생 문하에 들어가서야 건축을 접할 수 있었다. 군사독재의 강압이 절망처럼 느껴지던 때, 김수근 선생의 건축은 내게 구원의 빛이었다. 나는 그 속으로 도피하듯 건축에 몰두했다. 거의 매일 밤을 미친 듯이 새우며 세상과 절연

Texts and Works 1 승효상

빈자의 미학

Beauty of Poverty
Seung H-sang

『빈자의 미학』 표지.

한 것이다. 그러나 선생은 건축가로는 너무도 아쉽게 1986년, 55세로 세상을 떠나고 말았다. 그리고 곧 깨닫게 되었다. 내가 그렇게 몰두한 것은 어쩌면 건축이 아니라 김수근 건축이었고, 선생께서 계시지 않는 이상 그 건축은 할 수 있는 일이 아니었다.

1989년 내 건축을 하겠다고 세상으로 나왔을 때, 나는 내 건축이 무엇인지 알지 못할 뿐 아니라 내가 누구인지조차 몰랐다. 15년을 김수근 건축 속에서만 파묻혀 산 까닭이었다. 방황을 거듭하다 우연히 금호동 달동네에 가게 되었다. 깜짝 놀랐다. 내가 의문하던 건축과 도시의 모든 지혜와 해결책이 그곳에 있는 것이었다.

가난한 이들이 사는 달동네는 각자 가진 게 적어 많은 부분을 서로 나누며 살 수밖에 없다. 그 나누는 삶이 집 밖의 길에서 이뤄진다. 이곳의 길은 통행만을 위한 공간이 아니다. 만나고 헤어지며 모이고 즐긴다. 특히 산비탈 지형에 따라 이뤄진 길은 그 형태가 절묘하여, 넓다가 좁다가 휘어지고 끊임없이 이어진다. 내 어릴 적 살던 곳이 생각났다. 부모님이 해방 후 월남하여 전쟁 때 부산으로 피난하신 까닭에 나는 피난민 마을에서 태어나고 자랐다. 우물 하나, 화장실 하나를 가운데 둔 마당에서 북새통을 이루며 모여 살던 풍경, 많은 것을 나누며 살던 어릴 적 정겨운 모습들이 그 달동네에서 현재화된 것이었다.

삶에 대한 진정성으로 가득한 이 절묘한 공간들을 어떤 현대건축에서도 본 적이 없었다. 물론 달동네는 인프라가 부족하고 위험하기도 해서 재개발되어야 한다. 그러나 건축이 우리 삶을 지속시키는 기억의 저장소인 한, 이런 아름다운 공간은 재개발 속에서도 유지되어야 한다. 이것이라면 내가 건축하는 이유일 수 있었고, 누구보다도 잘할 수 있다고 여겼다. 그래서 서울의 달동네라는 곳을 모두 가보고 확인하며 내 건축 속으로 불러들였다.

그리고 1992년 가을, 새로운 건축에 뜻을 같이하며 논쟁하곤 했던 젊은 건축가들의 모임인 '4·3그룹'이 건축전을 가지면서 서로의 주장을 내어놓자고 했을 때, 나는 서슴없이 '빈자의 미학'이라고 이름하며 이 방향으로 내 건축을 하겠노라 선언하였다. 더러는 이 말의 뜻을 높이 사며 격려도 했지만, 일부는 너무 종교적이라며 비아냥거리기도 했고 내 건축을 미리 한정하는 데 대한 질책과 염려도 있었다. 그러나, 나는 이 말이 갖는 아름다운 가치를 이미 감지했으므로 실천만이 내가 안아야 할 과제였다.

'빈자의 미학'은, 가난한 이가 아니라 가난하고자 하는 이들을 위한 건축 방법론이다. 공동체의 지속을 위해 도시와 건축은 서로에게 열려 있어야 한다 했으며, 20세기 초 서양에서 주장한 기능주의를 비판했고, 그들의 목적적 건축 공간보다는 비어 있는 우리의 옛 공간이 삶을 훨씬 윤택하게 할 것이라고

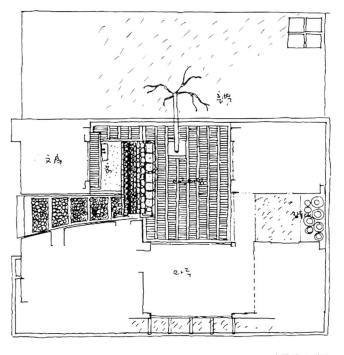

수졸당 스케치.

말했다. 그리고 이 소란한 시대에 침묵의 건축이 더 가치 있다고 그 책에 썼다.

졸렬한 책이며 거친 글이라 해도, 20년이 지난 지금에도 나는 그 내용을 고칠 수 없다. 그사이 시대는 21세기로 변해 물질적으로 더 풍요로워졌으며 기술도 더욱 발달했지만, 우리 사회와 우리 삶이 나아졌을까? 하루에도 마흔 명이 가난 혹은 외로움으로 스스로 목숨을 끊는 이 절망의 사회, 300명이 넘는 사람들이 수장되는 것을 생중계로 지켜보아야만 한 이 야만의 시대……. '헬조선'Hell朝鮮이며 '혼용무도'昏庸無道라고 했다. 결단코 우리는 20여 년 전보다 나은 사회에 있지 않다. 그러니 가짐보다 쓰임, 더함보다 나눔, 채움보다 비움이 더 중요하다고 한 다짐을 나는 아직 버릴 수 없다.

그러나, 나를 가둔 이 '빈자의 미학'이 때로는 위험한 무기가 되었다. 그 책에 발문을 쓴 건축가 민현식 선배는 나를 근본주의자라고 낙인烙印하며 그렇게 살라고 일렀다. 타협하지 않아야 했으며 내 영역이 아니면 얼씬거리지 않아야 했고, 나를 더욱 달구기 위해 다른 생각을 지닌 이들에게서 등을 돌려야 했다. 세월이 한참 지난 지금 남은 게 무엇일까? 수많은 적들? 비아냥거림과 욕설? 가난한 내 주변들? 아니다. 이런 결과는 오히려 스스로를 다듬게 하는 동기가 되니 감당할 몫이다. 요즘 들어 내가 못 견뎌 하는 것은, 내가 쏟은 말과 글이 누구에게는 상처로 남은 일이다.

좋은 글쓰기가 좋은 건축을 짓는 것보다 훨씬 더 어렵다. 글쓰기 자체가 너무도 두려워지니 이제야 주변이 보이는 까닭일까?

"그리하여 모든 것 중에서
가장 뛰어나고도 위험한 존재인
언어가 인간에게 주어졌다"

지금도 그렇지만, 경기가 좋았던 1990년대 초는 물신에 사로잡힌 건축이 포스트모더니즘의 껍데기를 뒤집어쓰고 기괴한 형태와 색채로 이 땅에 우후죽순처럼 나타나던 때였다. 나는 그때, 55세의 나이로 세상을 뜬 김수근 선생이 창설한 '공간'이라는 설계 사무소를 나와서 내 건축의 정체성을 찾아 헤매고 있었다. 1992년에 4·3그룹의 동료 건축가들과 같이 개최한 전시회에서 '빈자의 미학'이라는 말을 세우며 내 건축의 틀이라고 선언했지만, 동시에 이 말은 내게 비수처럼 다가오며 결단을 요구하고 있었다. 건축을 어떻게 해야 하는지 또는 왜 해야 하는지에 대한 근본적 질문들이 내 15년 경력을 비웃고 나를 부단히 좌초시키고 있었던 것이다. 그때, 우연히 서점에서 책 한 권을 발견했다.

『침묵의 세계』(한국어 번역본, 1985). 펼쳐보니 1993년 7월에 나온 초판 2쇄본이었고 1쇄는 무려 1985년이라고 적혀 있었으니 거의 아무도 보지 않는 책이었다. 그러나 나는 이내 이 책에 빠지고 말았다. 부잡하고 요란한 시대에 사는 우리가 잃어버린 침묵의 소중함과 의미를 이 책은 마치 경전처럼 적고 있었다.

"언어는 성스러운 침묵에 기초한다"라는 괴테의 문장을 부제로 펼치며 시작하는 이 책은, 문장을 건널 때마다 긴 호흡이 필요했다. 우리의 소란함을 꾸짖고 우리의 허무한 사회와 현실을 고발했으며, 겉치장에 몰두해 있던 나를 해부하고 내 헛된 업적을 비난하고 있었다. 두꺼운 책이 아니었지만 일주

일 이상의 시간을 들여서야 거의 다 읽을 수 있었는데, "살아 있는 침묵을 가지지 못한 도시는 몰락을 통해서 침묵을 찾는 다"라는 글귀가 나오는 말미에서는 또 며칠을 머물고 말았다. 결국 이 책은 '빈자의 미학'이라는 단어를 확실하게 내 평생의 건축 화두로 삼게 하는 데 중요한 참고문헌이 된다.

라이너 마리아 릴케Rainer Maria Rilke(1875~1926)는 "이 책에 대해서는 논평하는 것이 어렵습니다. 직접 읽어주시라고 할 수밖에 없습니다. … 막스 피카르트는 고뇌하는 사람입니다"라는 말로 이 책을 소개했다. 피카르트는 잠언처럼, 때로는 시처럼 논리 구조를 넘으며 침묵을 말하지만 그의 말에는 무서운 확신과 강력한 호소가 있으며 그 침묵은 궁극적으로 모든 오성悟性을 초월하는 평화를 겨냥하고 있었다.

막스 피카르트는 1888년에 태어나 1965년에 죽었으니 현대사의 격동기에 생애를 걸친다. 그는 의학을 전공했으나 의사의 기계적 삶에 회의를 느껴 가톨릭에 귀의했고, 영성에 대한 사유에 바탕을 둔 글을 발표하는 신학자이자 사상가로 말년을 보냈다. 어떤 철학 계통이나 아카데미적 사상가 계열에 속하지 않았다고 여겼을까. 그가 죽었을 때 『디 차이트』Die Zeit는 부고 기사에서 "관조자"라는 이름을 그에게 붙이며, "다른 이들이 사실만을 볼 때에 그는 통찰을 통해 예리하게, 그리고 명확하게 관조하는 능력을 갖추었던 사람"이라고 평했다.

그의 다른 책 『인간과 말』은 그가 죽기 10년 전에 취리히에서 발표한 책이다. 이 책 이후 불과 두 편의 짧은 글만 발표했다고 하니, 그의 마지막 저작인 셈이다. 이 책은 1948년에 발표한 『침묵의 세계』와 대단히 긴밀하다. 후편이라고 할 수도 있으며 어쩌면 다른 버전이기까지 하다. 침묵으로부터, 침묵의 충만함으로부터 나온다는 '말'이 도대체 어떻게 존재해서 우리에게 의미를 갖는지, 그래서 결국 우리는 누구인지, 언어가 아닌 소음만을 내뱉곤 하며 이 거친 시대를 사는 우리를 다시 묵직한 성찰 속으로 몰아넣는다.

"언어는 인간에게 앞서 주어진 것이다. … 인간은 말하는 존재가 아니라 말해지는 존재다." 그에게 언어는 매체가 아니며 이미 주체적 존재다.

"하나의 말을 들으면, 하나의 빛을 보는 것이다." 말이 빛이라. 그는 다시 침묵에 대해 말한다.

"침묵은 말에 속하며 그 침묵을 통해서 말은 건축으로 나아간다. … 건축은 말 속에서 함께 침묵되며, 따라서 고독하지 않다." 아, 말과 침묵은 서로에 속한 것이었다. 그래서 언어가 아닌 "잡음어"雜音語에는 침묵이 없다고도 했다. 이윽고 다음 문장에서 나는 망연자실하고 말았다.

"그렇다면 말은 죽음마저도 관통해야 하며 죽음 가운데서도 생존할 수 있어야 한다. 말은 삶을 모두 통과한 후 죽음으로 들어서기를 원한다. 삶에는 말을 위한 공간이 충분하지 않다. 그리하여 인간은 말로 인하여 불멸이 된다."

추사관.

무섭지 않은가? 우리가 일상에서 뱉는 말이 사실은 우리가 지배하여 사용하는 도구가 아니라는 것, 그 언어가 원래 우리를 지배하고 있다는 것, 그런데도 우리가 언어의 주인이거나 더욱 현명한 것처럼 착각하며 산다는 것이다.

이 책을 읽는 도중 성경의 한 구절이 떠올라 내내 머릿속에 머물렀다. 요한복음 1장 1절. "태초에 말씀이 계시니라. 이 말씀이 하나님과 함께 계셨으니 이 말씀은 곧 하나님이라. … 그 안에 생명이 있었으니 이 생명은 사람들의 빛이라."

종교적 영성에 몰두한 저자인 만큼, 언어가 곧 진리라는 이 경외로운 구절을 너무도 잘 알았을 것이며, 이 책의 글은 그 진실에 대한 해설적인 송가였다. 책의 머리글로 인용한 휠덜린 Johann Christian Friedrich Hölderlin(1770~1843)의 시는 이를 확실하게 한다.

"그리하여 모든 것 중에서 가장 뛰어나고도 위험한 존재인 언어가 인간에게 주어졌다."

『침묵의 세계』 때문이었을 게다, 이 책을 덮는 데는 시간이 오래 걸리지 않았다. 그러나 내가 여태 쏟아낸 말과 글에 치를 떨어야 했다.

인용 문헌   김원일 지음, 『마당 깊은 집』(문학과지성사, 1988)
막스 피카르트 지음, 배수아 옮김, 『인간과 말』(봄날의책, 2013)
막스 피카르트 지음, 최승자 옮김, 『침묵의 세계』(까치, 1985)